超高齢[illegible]える「ブロ[illegible]チェーン型」地域[illegible]括ケア

阿部行宏
ABE MICHIHIRO

幻冬舎MC

はじめに

介護需要が年々高まるなか、医療・介護などの専門職から地域住民までが連携してケアを行う地域包括ケアシステムの重要性が一段と増しています。患者・利用者が自分らしさを失わずにより良い生活ができるようにすることを支援する目的のもと、それぞれの地域の実情に合った医療・介護・予防・住まい・生活支援が求められており、２００３年頃から国を挙げて推進されるようになりました。

しかし実態を見ると「利用者ファースト」の連携体制が整っている市区町村は多くありません。地域包括ケアシステムにおいて多くの場合、特定の医師や病院などが拠点となってリーダーシップを発揮する形になっており、情報交換の場といっても講演会などで一方通行に発信するだけにとどまっています。そのため病院や介護事業所、地域包括支援センターなどの各組織が情報を共有する場がなく、十分な連携がとれずに最適な医療・介護サービスを利用者へ提供できていない事態が起こっているのです。

私は代々医師の家系で、新潟市東区山の下地域に密着した診療所を営んでいます。祖父が開業した診療所を2010年に継承して以来、訪問診療の充実に努めてきました。最期まで自宅で過ごしたい、できる限り手厚いサポートを受けられるよう施設に入りたいなど、在宅患者の希望はさまざまです。それらに寄り添うなかで、より良いサービスを提供するためには多職種の連携が重要だと考えるようになりました。そして2013年、それぞれの職種が信頼関係を構築し、連携をしやすくするための仕組みをつくり、「山の下地域包括ケアネット（以降、山の下ねっと）」と名付けました。

この仕組みの特徴は、暗号資産（仮想通貨）の活用で注目された「ブロックチェーン型」を模した地域包括ケアシステムであることです。中央集権型の情報管理ではなく分散型の仕組みを指します。

「山の下ねっと」でも、権限を分散させて特定の人物や組織に情報を集中させず、参加者が主体的に組織を管理します。そのため一部の組織だけに利益が偏ったり、便宜が図られたりすることはありません。このように連携拠点をつくらず、各ブロックを自律させることで効率的に持続可能な地域包括ケアを実現しています。

特定の病院や医師がリーダーとなる従来の仕組みと異なり、ブロックチェーン型の地域包括ケアシステムは、参加者全員が平等に意見を述べ、利益を享受できるようになっており、お互いを信頼し合う関係性を構築しているため健全な運営が行われやすいという特徴があります。さらに定期的なグループワークにより、互いの抱えている困りごとを共有し、共感し合うことを重視しているため、役割の重複や責任の所在が不明確になることを避け、スムーズに課題解決を図ることができます。これらにより、行政や病院、介護、薬局といった立場の違いや、競合同士の垣根を取り払い、真に利用者の生活を支えるためのネットワークとして機能しているのです。

こうしたブロックチェーン型の発想は、医療と介護の連携にかかわらず、さまざまな組織づくりにおいても参考になるものだと思います。本書では、私が「山の下地域包括ケアネット」を構築するまでの経緯や現状の課題、今後の展望を通して、地域包括ケアシステムの新しいあり方を提言します。深刻さを増す超高齢社会において、立場や利害を超えたより良い多職種連携のあり方を考えるきっかけになれば幸いです。

超高齢社会を支える「ブロックチェーン型」地域包括ケア　目次

［第2章］ 医療・介護の壁をなくし、真の「利用者ファースト」を実現する

「ブロックチェーン型」の地域包括ケアシステム

［第3章］定期的なグループワークで課題を共有し、連携を強化する

［第5章］　少子高齢化が深刻になる2040年を乗り切るために

［第1章］

密な情報共有がないため住民に行き届かない医療・介護サービス……従来の連携拠点型地域包括ケアシステムの問題点

超高齢社会における地域包括ケアシステム

厚生労働省の「国民医療費の概況」調査によると、2021年度の国民医療費は45兆359億円にのぼり、前年度の42兆9665億円から4・8％増加しました。人口一人当たりの国民医療費は35万8800円で前年度から5・3％増えています。病気のリスクが大きい高齢者が増えるとともに今後も医療費の負担増は避けられません。

併せて、医師不足も深刻になっています。OECD（経済協力開発機構）が2019年にまとめたデータによると、人口1000人当たりの医師数はOECD平均の3・6人に対し、日本は2・5人にとどまっています。さらに都市部に医師が集中することによる医師の偏在も指摘されています。

厚生労働省の医師偏在指標では、医師が最も多い東京都と最も少ない岩手県では約2倍の格差が生じていますし、私がクリニックを構えている新潟県も下から3番目となっており、岩手県の数値と大差なく医師不足は深刻な問題です。

［図１］　都道府県別の医師偏在指標

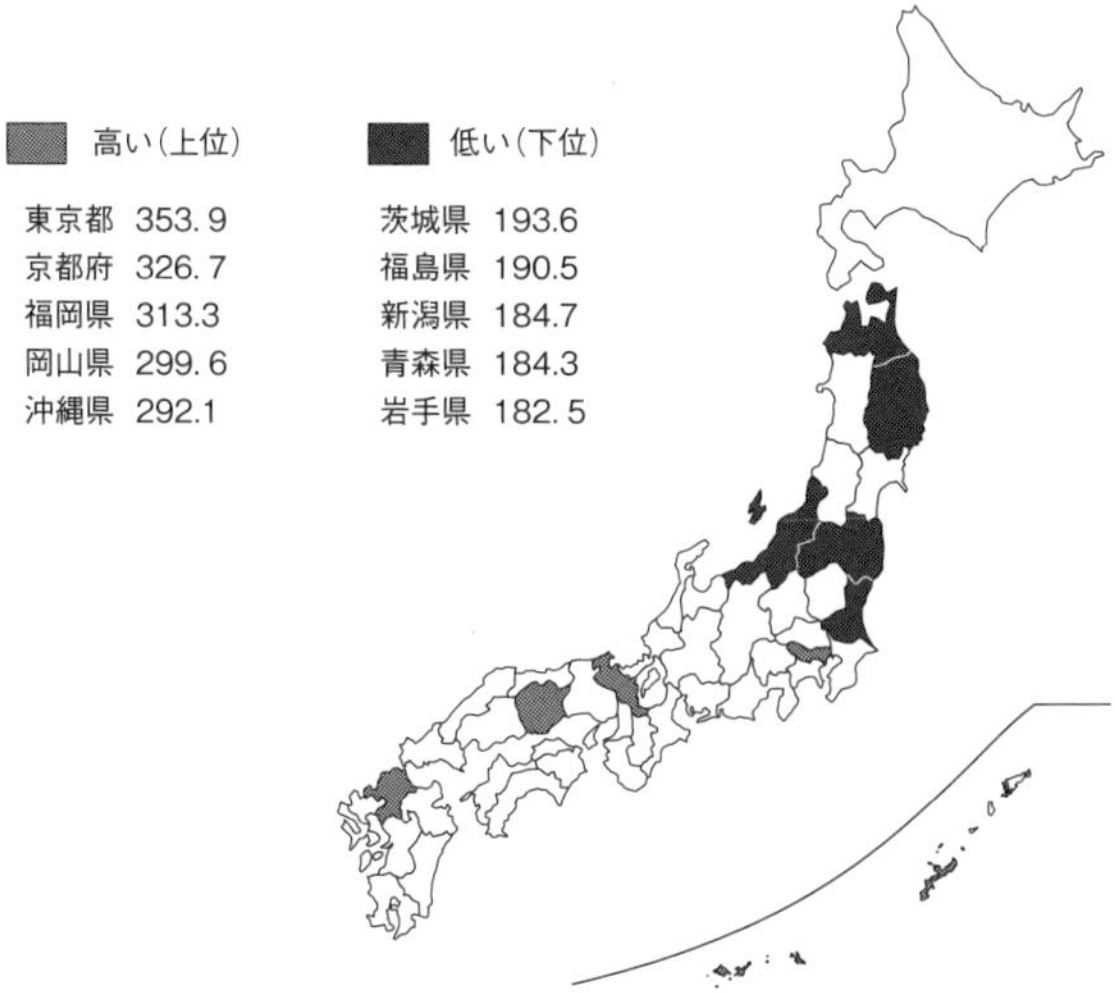

厚生労働省「都道府県別の医師偏在指標」（令和５年11月）を基に作成

医師不足が進めば病院が閉院になることもありますし、一部の診療科のみになることもあり、現実的に住民が医療を受けたくても受けられない状況が生まれています。

こうした状況を解決するために、政府主導で打ち出されているのが地域包括ケアシステムによる高齢者医療と介護の一体型サービスの構想です。

医師が不足する地方において、患者が必要とするすべての医療を一つの医療機関で提供することは困難です。そのため地域全体で患者をケアする地域包括ケアシステムの体制が敷かれ、病院の再編も進んでいます。

またケアの中心には在宅医療を中心とした医療・介護サービスの考え方があります。そのため、訪問診療を行う医師や訪問看護ステーションとも連携を取りながら対応していく必要があります。つまり、医療機関同士や、医療従事者と介護従事者の間でコミュニケーションをとりながら、一人の患者を支えていく必要があるのです。

しかし、こうした地域包括ケアシステムをうまく機能させるには、乗り越えなければならない一つの重要な壁があります。

地域包括ケアシステムの実現を妨げる「壁」

「地域包括ケアシステム」という言葉が使われるようになったきっかけは、2005年の介護保険法改正です。

そこから約20年の歳月が流れ、多くの地域で地域包括ケアシステムに基づいたサービスが展開されています。しかし、地域によってサービスの充実度に差があり、残念ながら現在の日本では、地域包括ケアシステムの体制が十分に整っている地域は少ないのが現実です。

なぜ、地域包括ケアシステムを実践するのが難しいのかというと、その理由の一つは、「医療と介護の間に存在する、見えない壁」の存在です。

壁とは、医療は介護に、また、介護は医療に「こちらの事情を、相手は分かってくれない」と感じていることの比喩であり、言い換えれば、両者の間の「心理的な障壁」ということになります。

医療や介護の業界に従事する人は、多かれ少なかれ、こうした壁を感じています。もちろん、お互いに専門とする業務が異なるので壁があるのは当然ですが、「医療と介護の壁」には、もっと奥深い心理的な断絶があります。ストレートにいうと、「医療が上」「介護が下」という上下関係を、多くの人が無意識に感じているのです。

医師や看護師などの免許を持っていない人が医療行為を行うことは、医師法により禁止されています。そのため介護に携わる人たちは、基本的に医療行為を行うことはできません。

しかし、だからといって「医師が上」「介護が下」というわけではありません。もし医療を提供する側が、「患者のことをいちばん分かっているのは自分たちである」と考え、介護提供者の意見に真摯《しんし》に耳を傾けないようなことがあれば、スムーズな連携ができなくなってしまいます。

一方、介護を提供する側においても、「自分たちには介護の知識はあっても医療の知識はないので、どうしても医療従事者から指示を受ける立場になってしまう」と、受け身の姿勢であり続ける人もいるかもしれません。

医療・介護どの立場であっても患者・利用者に対してより良い状況を提供していくことが目的であることは変わりません。しかしお互いの思いは同じでも見方が違えば評価も違います。また使う言葉も異なってくることでコミュニケーションが不足になりがちです。

地域包括ケアシステムを構築するにあたり、医療と介護で関わっている人を一堂に集めて課題を共有するだけでは連携できません。課題に対してそれぞれで解決しようとしますが、垣根を越えた対応が求められ医療と介護の相互理解が重要です。その理解が進まないことが「見えない壁」として存在します。

この見えない壁を取り払わない限り、本当の意味での地域包括ケアシステムは機能しないのです。

業種の壁を越えて手をつなぐことが重要

地域包括ケアシステムを実現するには、医療と介護が両輪となって機能することが不可欠ですが、さらに「住まい」「介護予防」「生活支援」を加えた5つの要素を各地域で提供することも必要です。

また、すべての機能がシームレスで役割を果たすためには、それぞれの担当者が自分の職務をこなすだけではなく、業種や職種の壁を越え、すべての担当者が連携し合って高齢者や障がい者を支えることが重要です。必要な情報が共有されておらず、「誰が医療や介護の窓口か分からない」という状態では、一つの情報を確認するためにも相当な時間を必要としてしまいますし、手間や時間のロスにつながるからです。

もう一つ大事なことは、地域包括ケアシステムが効果的に機能するためには、その地域

［図２］　地域包括ケアシステムの構造

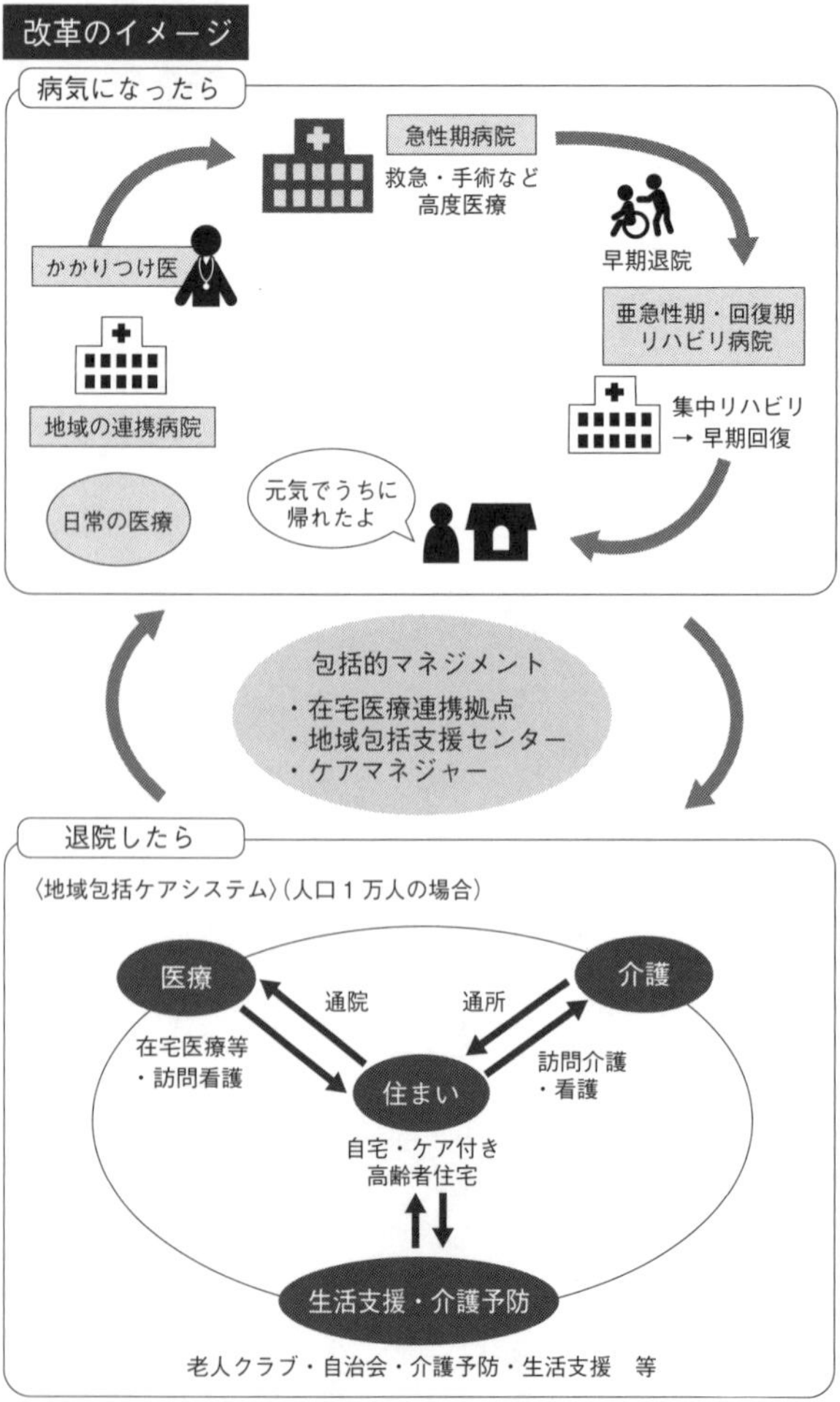

厚生労働省「東京都医師会が目指す高齢者救急の今後の姿」を基に作成

に拠点病院があることが重要、ということです。

医療、介護、福祉は、どれかが欠けても地域包括ケアシステムは回らないため、いずれも重要な存在です。しかし、「病気やケガから命を守る」という観点でいえば、医療はとりわけ不可欠な存在です。在宅医療や訪問看護では限界がありますので、高度の医療が求められるのであれば病院での検査や治療が必要になることがあります。つまり、拠点病院は地域包括ケアシステムの「セーフティネット」ともいうべき役割なのです。

万が一、高齢者や障がい者が医療のケアや緊急の処置を必要とした場合、すぐに高度な医療機能を有した拠点病院につなぐことができるよう、かかりつけ医や介護関係者などはすぐさま手を携え、必要な情報を拠点病院と共有するなど、連携体制を整えておかなければなりません。

しかし現実には、地方によっては人材や資金などの不足により、拠点病院となるべき医療機関が少なく、医療資源が枯渇しているという問題もあります。

日本政府は補正予算を組んで、各地で要となる拠点病院の整備を急いでいますが、「医師不足」「看護師不足」が足かせとなり、うまく進んでいないのが現状なのです。

拠点病院がヒエラルキーの頂点に立つことも

壁が存在することで発生する問題は、さまざまあります。

「医療と介護の間の見えない壁」は、「情報が一方通行になる」「必要な情報が共有されず、確認に時間がかかる」など、地域包括ケアシステムを実践するうえでさまざまな障害の種となります。

拠点病院を中心にヒエラルキーが形成されてしまうことも起こり得ます。ヒエラルキーが形成されてしまうことの弊害は、現場の意見を反映した医療・介護サービスが行われづらくなってしまうことです。

地域のなかで高度な医療技術を持った拠点病院が自然とヒエラルキーの頂点に立ち、ほかの医療機関や福祉関係者へ指示を出す一方になると、どうしても上下の関係性が生まれてしまい、情報の流れは滞り、各担当者の意思疎通も閉ざされてしまいがちです。

ヒエラルキーの頂点に立った病院が、現場の意見を聞かずに指示を出し続ければ、在宅医療を中心とした高齢者医療は実態に合わないものとなっていきます。

本来、医療はどのような地域においても、それを必要とする人へ等しく行き渡らなければなりません。しかし、拠点病院がヒエラルキーの頂点に立つことで、自然とそうした平等性や公平性が損なわれてしまうのです。

医療と介護の情報共有は必須

地域包括ケアシステムを実践するには医療と介護の連携体制を整えておくことが不可欠です。なぜなら、一人の高齢者や障がい者が医療と介護の世話になるケースは非常に多く、両者が密に連携していなければ、その高齢者や障がい者が望む医療や介護を提供することはできないからです。

在宅で療養生活を送っている高齢者や障がい者に対しては、入浴や排泄《はいせつ》に関する身体介護、食事や掃除などの生活援助が必要です。高齢者に対しては介護の専門家であるケアマネジャーが、障がい者に対しては障がい者福祉の専門家である相談支援専門員が、利用者のニーズを考えてケアプランを立てます。

言ってみれば、ケアプランは、高齢者や障がい者の人生を最期まで守り抜くためのシナリオのようなものであり、そのシナリオには介護施設の職員や訪問介護のスタッフ、ヘルパー、社会福祉士、介護福祉士、さらには地域の行政担当者や民生委員など多くの人物が登場します。

これらの登場人物にはそれぞれ担うべき役割があり、責任があります。高齢者や障がい者が、苦痛や不自由なく、最期まで自分らしく生をまっとうするために、彼らや彼女らは役割や責務を果たし、必要に応じてほかの職種とも連携しなければなりません。

そのためには、当然ながら高齢者や障がい者の人たちが、「今、何を必要としていて」「どんなサポートを望んでいるのか」などの情報を、介護に関わるすべての人たちの間で共有する必要がありますし、さらにそれらの情報は介護関係者だけでなく、医療従事者にもシェアされるべき貴重なものです。

高齢者や障がい者が普段、どのような介護サービスを受けていて、どのような補助が必要なのかなど、医師がしっかり理解しておけば入退院のタイミングも適切に見定めることができます。

また退院後の看護や介護の要不要についても、的確にアドバイスすることができます。

つまり、医療と介護は明確に役割や職務が区分されていますが、在宅医療を提供するうえでは、医療の提供者と介護の提供者の連携は、欠かすことができないのです。

もし、医療と介護の間で情報が共有されていなかったら、サービスを受ける患者やその家族にとって、どのように行動したらよいのか迷いが生じてしまいます。また、患者やその家族は担当者が変わるたびに何度も同じことを尋ねられたり、本来なら不要な検査を繰り返し行わなければならなかったりと、二度手間になることが多く発生してしまいます。

地域包括ケアシステムなくして、幸福な高齢化社会は描けない

高齢化がますます進む日本において、今後、地域包括ケアシステムの重要性はさらに高まることが予想されます。しかし現実に目を向けてみると、崇高な理念を掲げたにもかかわらず、実態が理念に追いついていない自治体や団体は少なくありません。この「理念」と「現実」の乖離《かいり》にこそ、現在日本が直面している大きな課題があるのです。

その課題の最も大きな一つは、医療・介護・福祉、そして民間と行政、住民たちを一つにつなぐ「連携」です。

2016年には、地域包括ケアシステムについて説明するために植木鉢モデルが使用されるようになりました。5つの構成要素の関係を植木鉢に植えられた植物に例えて表したもので、お互いに連携しながら有機的な関係を担っていることを示しています。

本人の選択が最も重視されるべきであり、本人・家族がどのように心構えを持つかという地域生活を継続する基礎を皿ととらえ、生活の基盤となる「すまいとすまい方」を植木鉢、その中に満たされた土を「生活支援・福祉サービス」、専門的なサービスである「医療・看護」「介護・リハビリテーション」「保健・予防」を葉として描いています（厚生労働省「2013年3月地域包括ケア研究会報告書」）。

この植木鉢モデルを意識しながら、地域包括ケアシステムの問題解決にチャレンジすべく、私はクリニックを構える新潟県新潟市東区で「山の下ねっと」という地域包括ケアネットを立ち上げました。

もちろんこれは私一人の力で成し遂げたものではなく、同じ地域で医療や介護に従事する医院、歯科医院、地域病院、訪問看護ステーション、薬局、居宅介護支援事業者、介護

［図 3］ 地域包括ケアシステムの構成要素を表す「植木鉢モデル」

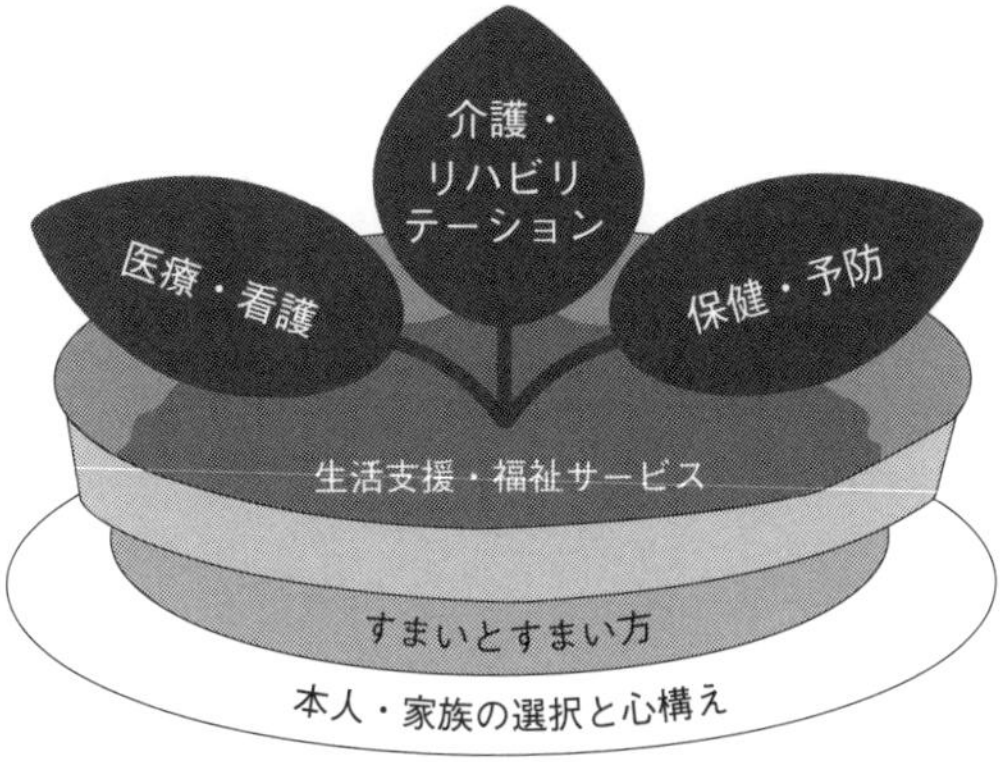

厚生労働省「2013 年 3 月地域包括ケア研究会報告書」を基に作成

事業者、区役所などの有志が集まり、知恵を出し合いながらようやく完成させたものであり、私たちが思い描く「地域包括ケアシステム」のあるべき姿を精いっぱい、形に表したもの、といっても過言ではありません。

各サービスの利用者やその家族、さらには、各サービスの従事者たちなど、すべての人がより自分らしく生きられる地域を実現させるために、地域包括ケアシステムの必要性はますます高まっています。それを実現するプロセスにおいては、さまざまな問題や課題にぶつかりますし、意見の相違も生まれます。

しかし、そうした山を乗り越えてこそ、誰もが人生の幕を閉じる最期の瞬間まで、幸せを実感できる社会が実現できるのであり、それこそ、真に幸福な人生１００年時代といえるのではないかと思います。

［第2章］

医療・介護の壁をなくし、真の「利用者ファースト」を実現する「ブロックチェーン型」の地域包括ケアシステム

日本の医療は問題が山積

現在の日本において医療を取り巻く問題はさまざまあります。特に、世界に例を見ない勢いで高齢化が進んでいる現代の日本では、高齢者の医療費が日本の財政を圧迫していますし、また、新型コロナウイルスの感染拡大という非常事態は、日本の医療が逼迫《ひっぱく》している状況を浮き彫りにし、医療崩壊への警鐘を鳴らしました。

そんななか、とりわけ解決が急務とされているのが、日本の地方医療に関する課題です。

地方医療においての大きな問題は、何より、医療機能が不均衡であることです。

都市部と比べて地方は医療機関が少ないうえ、高度な医療機能を有した病院は数が限られています。その分、小規模なクリニックなどで必要な医療を提供しようにも、医師や看護師、医療技術者などの人材が不足しているため、それもかないません。

そのため、地方に暮らす患者たちは、必要な医療を受けるために時に遠方まで赴くことが不可欠です。

では、高度な医療機能を持つ大病院まで出向けば、適切な医療をすぐに受けられるかというと、そうとも限りません。

なぜかというと、地方では都市部よりも高齢化が進んでおり、高齢者向けの医療ニーズが増加しているため、必要な医療を受けられる大病院に患者が集中しているからです。

そうなると、患者側が待たされるケースが出てくると同時に、一部の医療機関の負担が増大してしまいます。また、これにより、地域医療の質が低下する恐れも出てきます。実際、情報技術を活用した医療サービスの提供に関しては、地方では充実していないのが現状です。

「医療の機能分化」による副作用

こうした問題を解決するために、国は「医療の機能分化」を推進しました。具体的には、各地域における医療機関を「高度急性期」「急性期」「回復期」「慢性期」の機能別に分けて、それぞれの役割を担ってもらうというものです。

こうすることによって、医療機関の数が少ないエリアでも、必要な医療サービスが提供できるだけでなく、福祉施設や行政なども連携させて「地域包括ケアシステム」という、いわばパッケージ化されたシステムを構築していけば、地域住民の健康と生活の質向上を目指せるというわけです。

現在では医療の機能分化の促進によって高度な専門医療が大学病院や専門病院で行われ、地域医療は基本的な診療や予防、慢性病管理などに焦点を当てることが一般的になりました。しかし、効率的な資源配分や専門性の向上を図るために進められてきた一方で、予期せぬ副作用も生じています。

まず1つめに、医療の機能分化によって総合的に診療する医療機関が減少しました。すると従来、地域の医院やクリニックが担っていたような広範囲にわたる診療が対処できなくなり、患者が必要とする適切な医療を受けるまでに時間がかかるようになってしまっているのです。

2つめに、専門医療機関のあとに一般医療機関を受診しても医療機関同士の情報連携が不十分な場合、必要な情報がきちんと共有されないことで治療の質が低下する恐れがあります。

そして3つめに、患者が複数の健康問題を抱えている場合、専門医療機関だけでは総合的な視点からのケアが難しくなってしまいます。

これらの課題を解決するためにも、地域包括ケアシステムの実施が求められているのです。

多職種連携の改善に必要な改革

地域包括ケアシステムという概念そのものは素晴らしく、特に今後、少子高齢化が進む日本において、恒久的に持続させていかなければいけない社会システムであることは間違いありません。しかし現実に目を向けてみると、残念ながらその運用を阻害する要因も少なくありません。

各地域における医療格差や地理的条件など、解決すべき課題はたくさんありますが、とりわけ重要なのが「多職種連携が実現できていない」という現状です。

本来なら医療や介護に携わる人たちにおいて共有されるべき情報が一カ所に停滞してしまうことで、確認や手続きに必要以上の時間を要することもあるでしょうし、不要な検査や診察を何度も繰り返さなければならないということもあります。

経済的に困窮している人や、自力では医療機関に行けない人を置き去りにしてしまうこともあるかもしれませんし、「あと少し早く医療につないでいたら命が助かったのに……」ということも起きるかもしれません。高齢者や持病を抱えた人にとっては、ほんの少しの「遠回り」が命取りになってしまうこともあるのです。

「多職種の連携ができていない」という事実は、地域包括ケアシステムという素晴らしい概念を、まさに「絵に描いた餅」にしてしまいます。

そのことに気づいた私たちは「地域包括ケアを実践するには、なによりもまず、多職種連携が必要だ」という考えに行き着きました。

これが、「山の下ねっと」のスタート地点であり、「山の下ねっと」に課せられたそもそものミッションなのです。

「山の下ねっと」が構築される以前は、医療従事者も介護従事者も、医療を必要とする人に適切なサービスが行き渡っていない現実を目の当たりにしたとしても、みんなで問題の解決策を考えることはほとんどできませんでした。

しかし、私が目指しているのはそうした体制ではありません。つまり、特定の企業や人物が主導権を握るのではなく、参加メンバーの全員が対等な関係であり、誰かの意見が優遇されたり、軽んじられたりすることはない体制づくりを進めたいと考えました。

なぜ、こうした「対等性」を重視したのかというと、特定のリーダーが組織を牽引《けんいん》することになると、リーダーの意向に賛同できない人たちは、自ずとドロップアウトせざるを得ないからです。

リーダーとなる企業や人物は、もしかしたら自分たちの利益になることを優先的に行おうとする可能性があります。あるいは、リーダーの理念ばかりが独り歩きしてしまい、現実とそぐわないものになってしまうことも考えられますし、常にリーダーの意向が最重要視されていたのでは、方向性を修正することが難しくなります。

私は仲間とともに、できるだけ多くの人に開かれた組織をつくるべきだと考えました。

そのために大事なことは、なるべく取りこぼしを少なくし、常に患者や利用者の目線に立って組織を運営していくことです。そうした組織を実現するためには、特定の組織や団体がリーダーとなって牽引するのではなく、みんなが対等な立場であることが重要です。

そのため、誰か特定の人に依存する組織ではなく、たとえメンバーが入れ替わっても組織として存続できる「自律型」の組織づくりを目指しました。

また、多くのメンバーが集まる任意の団体においては、しばしば手段が目的化されてしまいがちです。「会合を開くこと」「皆で顔を合わせること」は本来手段であるはずなのに、それが目的であるかのように、無意味な会合を繰り返したり、結論の出ない話し合いを続けたりしてしまう場合があります。複数の意見がぶつかったときには、自分の意見ばかりを頑固に押し通そうとするのではなく、互いに尊重し合う姿勢を見失わないようにする必要があります。

そのために、いつでも立ち返ることができる原点として「活動目的」を明確に定めておくことが重要なのです。「なんのために組織を運営しているのか？」と集まるメンバーの全員が考えることができれば、進むべき道は自ずと示されるのです。

組織の円滑な運営を実現させる「ブロックチェーン」

地域包括ケアシステムを構築するうえで課題となるのは、「人に依存しない組織にするためには、どうしたらよいのか」ということです。

システムには多種多様な職種の人たちが関わります。病院やクリニック、歯科医師、薬剤師などの医療関係者や、介護老人福祉施設やデイケア、訪問ヘルパーなどの介護関係者、さらにはケアマネジャーや生活支援コーディネーター、民生委員、それから行政に関わる職員など、多くの人の共同作業によって、地域包括ケアシステムは運営されます。

ここにおいて問題となるのは、「誰もが一生涯、同じ職場で、同じ職種に就き、同じ仕事をしているわけではない」ということです。

どういうことかというと、地域包括ケアシステムという〝屋根〟の下に集まってくるメンバーは、それぞれの施設や機関を代表してくる人たちですが、当然、組織のなかでは人事異動もあるでしょうし、個人的な理由での退職や転職もあり得ます。

地域包括ケアシステムに関わるメンバーは時期によって入れ替わり、次々と新しい人たちが参加するようになります。その際、前任者から後任者へうまく引き継ぎがされていなければ、再びゼロからのスタートになりかねません。

そのほか、「人」という観点でいうともう一つ大きな問題があります。

それは特定の人物や組織ばかりが強力な権力を持ってしまった場合、自然とヒエラルキーが構成されてしまう、という懸念です。

確かにある程度、規模のある組織を運営する際には、任意の誰かが先導役を担い、ほかのメンバーに方向性を示したり、手本を見せたりすることは必要かもしれません。しかし、地域包括ケアシステムはそれぞれが異なる価値観を持つ多職種連携をベースとするため、特定の人物や組織が権力を持ってしまうと、たちまち連携が崩れ、チームが崩壊するリスクがあります。

「どうしたら、『人に依存しない組織』を構築できるのだろう」

そう考え、ふと思いついたのが「すべての参加者が平等であり、たとえメンバーが入れ

［図４］　地域包括ケアシステムの組織図

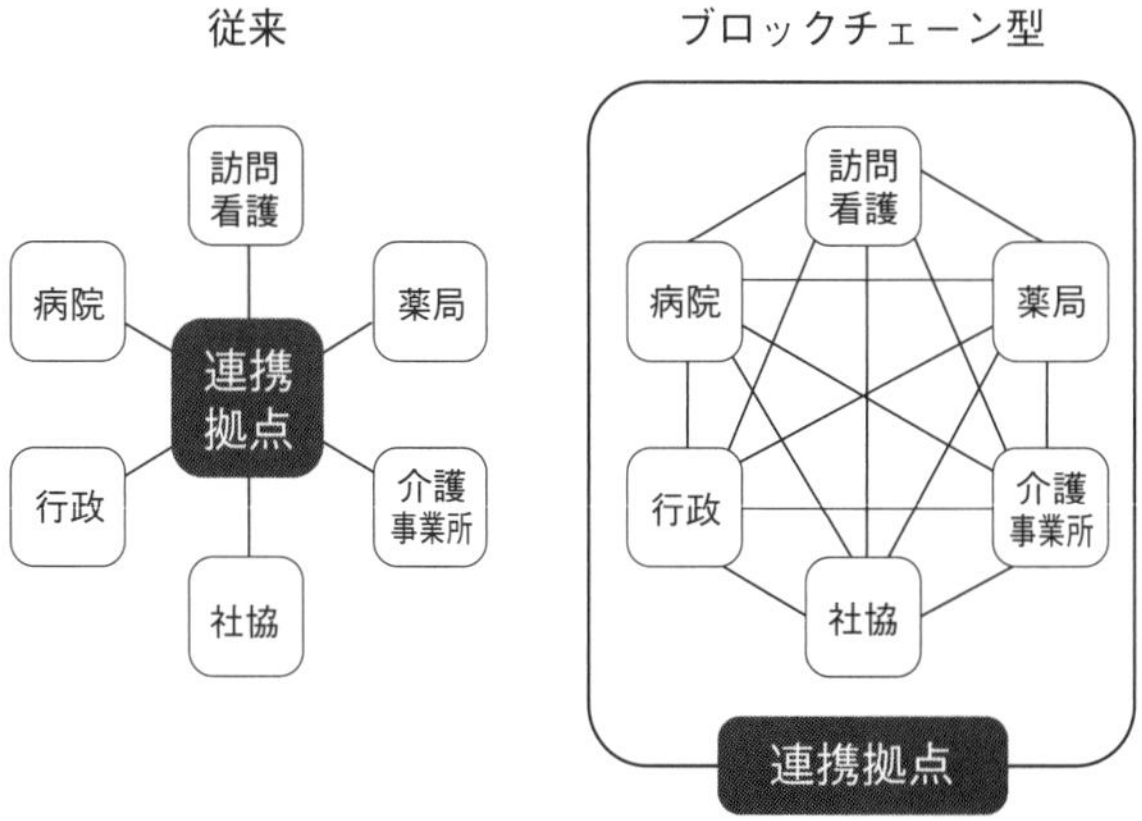

替わったとしても組織として独り立ちし、運営の歩みを止めない自律型の組織」です。

「これは、金融の世界で注目を集めている『ブロックチェーン』と同じ構造なのではないか」

私はそう思い、「ブロックチェーン型地域包括ケアシステム」と名付けました。

「ブロックチェーン」とはもともと、ビットコインをはじめとする暗号資産を記録・管理するために使われている技術です。

情報をひとまとまりにして（＝ブロックにして）、それを次から次へと鎖のように（＝チェーンでつなぐように）つないでいく構造であることから、この名前で呼ばれるようになりました。

私たちも、このブロックチェーンの仕組みを組織構造に応用しようと考えました。最初から「ブロックチェーンの仕組みを採用し、地域包括ケアの仕組みを立ち上げよう」と考えたわけではありませんが、「特定の組織や団体がリーダーにならない」「参加者はすべてが対等な関係」という体制は、ブロックチェーンとまったく同じです。

資金力のある事業所や、地元で有力な団体に権限を委ねることなく、参加する人がすべて対等な立ち位置で、誰かの意見だけが尊重されるということもありません。

医療・介護それぞれの立場にいる人はおのおのの役割でしか見られていませんが、利用者、患者に対する思いは同じです。より良い生活を送ってほしい、今の状態を改善して元の生活に戻ってほしいと思っているのです。

ブロックチェーンはお互いを監視して成り立つものですが、私が目指しているのは監視ではなく「信頼」をベースにしたブロックチェーンです。

お互いができることをする、できないことは任せる。それでもうまくいかないときにはさらにほかを巻き込んでいき、より良い体制をつくり続けることが重要です。
そしてこのような組織構造で成り立つネットワークを創り出すことができれば、まったく新しい組織体制として、地域包括を推進する先駆的な事例になると考えました。

「山の下ねっと」の誕生

多職種で円滑に連携しながら住み慣れた場所で高齢者などの生活をサポートする仕組みである、「山の下ねっと」は2013年に誕生しました。

「地域包括ケアとはどのようなことを意味するのか?」と質問されて正しく答えられる人は、少ないと思います。

「医療や介護が必要な状態になったとしても、可能な限り、住み慣れた地域で自立した生活を続けることができるよう、医療や介護などのサービスが地域内で提供され、助け合える体制を整えること」という概要は述べることができても、「それでは、どうやってそれを実現するのか?」「それを実現するためには、いったいどのような仕組みが必要なのか？」と追及されると、具体的な答えが出てこない人が大半だと考えます。

しかし、新潟市東区で働く医療職や介護職の人たちであれば、この疑問に答えられるはずです。「山の下ねっと」が活発に稼働し、地域包括ケアの実現に大きく貢献しているからです。


私たちは当初から目指したとおり、全員が対等な関係であることを重視して、あえて「山の下ねっと」にリーダーを置きませんでした。ただし当然ながら、いわゆる「まとめ役」が存在しなければ、研修会や講演会の開催も難しいですし、各所への連絡もスムーズにいきません。

そのため「山の下ねっと」では「世話人会」を設けています。世話人会は全体会で話し合うテーマを考えたり、「山の下ねっと」全体の方向性を検討したりするなど、いわば組織の潤滑油として機能しています。

そのほかにも、世話人会に監査や顧問を加えた「運営委員会」も配置し、組織としてのスムーズな運営体制を築いています。

［図５］「山の下ねっと」の構成

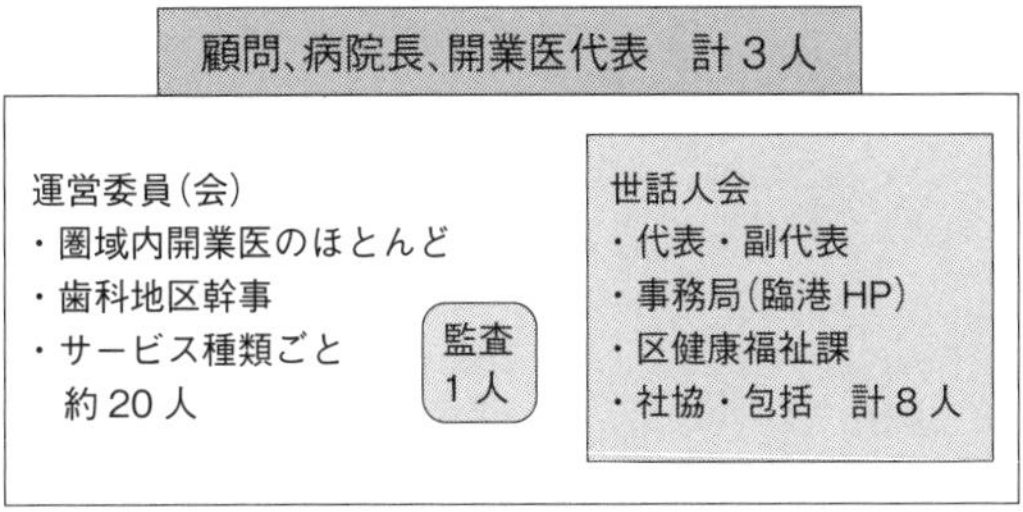

現在の会員は１０７事業所にのぼり、そのほか、賛助会員として２人が加わっています。この会員たちは世話人会や運営員会のメンバーではないとはいえ、全員が組織の運営に対して協力的であり、山の下ねっとの活動に積極的に参加しています。

山の下ねっとの活動目的は、規則において、次のように定められています。

「新潟市東区山の下、藤見・下山圏域（山の下、藤見、下山中学校区）における在宅ケアに関わる保健・医療・福祉関係者および行政を含む関係機関の包括的連携の推進を図り、会員の相互研鑽《けんさん》と地域住民の福祉に寄与すること」

２０２４年現在、「山の下ねっと」では、新潟市東区山の下圏域（山の下・藤見・下山中学校区）内の医療従事者や介護従事者、さらには行政の担当者などさまざまな人たちが自主的に集い、年に2回の全体会やグループワークを通してお互いに意見を交換することで、顔の見える関係を深め、より信頼し合える関係を築いています。

さらに、事例を通して各職種が今後の対応改善をしていくための会である「事例研究クラブ」、医療・介護・行政それぞれからの情報提供を学べる「医療介護リレー研修会」なども開催しながら、顔の見える関係性を確実に構築し、「どんな地域連携のあり方が人々に幸福をもたらすのか」「どんなときも安心して生活できる、より良い地域をつくるにはどうしたらよいのか」を考えながら、日々活動を続けています。

「山の下ねっと」が見据えているのは、「今」だけではありません。世界に先駆けて超高齢化が進む日本において、今後、どうしたら高齢者の健康を支えることができるのか、また、ますます増える独居の高齢者や認知症患者に対し、地域はどう対処すべきかなど、常に一歩先の未来を見据えています。

また仮に、「困っている人をなんとか救いたい」と、医師や福祉事業者などに相談が持ちかけられたとしても、「医療は医療、介護は介護」と担当が分かれていて連携されていない状態でしたから、お互いに助け合うことはあまりありませんでした。その結果、問題はたらい回しにされ、宙に浮いた状態となることも多かったのです。

しかし、「山の下ねっと」が誕生したことによって状況は大きく変化しました。地域のなかで見過ごされる高齢者は減り、医療と介護の連携も以前に比べて格段にスムーズになりました。

行政の担当者は異動が多く、数年ごとに顔ぶれが変わりますが、たとえ人が入れ替わったとしても、地域医療に対する想いは確実に引き継がれ、積極的に住民に対して広報活動を展開してくれるようになりました。そうやって少しずつ新潟市東区の、いわゆる「山の下圏域」では住みやすく、互いに助け合うまちづくりが進んできました。

「山の下ねっと」が誕生したきっかけ

「山の下ねっと」が誕生するきっかけとなった出来事は、新潟市東区のとある女性市議が、自宅でがんの夫を看取ったことです。当時、私はその方の主治医でした。

女性市議とその家族は、2010年にその方が亡くなるまでの半年間にわたり、自宅で療養生活を支えてきました。それは市議とその家族にとってつらく、大変な時間ではありましたが、同時に、有意義な経験ともなりました。

特に市議にとってはその経験が発端となり、「在宅医療を普及させたい」という熱い想いが胸に湧き起こりました。私も、クリニックを開業して以来、訪問診療に力を注いできた経験から、その市議の想いに強く賛同しました。そして、市議と私の間で在宅医療に関する課題や問題点などについて、繰り返し話し合いがもたれました。

「在宅医療を普及させるためにはどうすればいいか？」

「現在、いったい何が障壁になっているのか？」

「在宅での医療だけでなく、介護や生活支援が必要になった人を、地域はどうサポートしていくべきか？」

この難題に答えを出すべく、市議と私は幾度となく議論を交わしました。

同時に、市議が行政に何度も働きかけてくれたことで、2012年4月、市議と私に加えて、東区健康福祉課職員、東区社会福祉協議会および区長をはじめとする、総勢10人による意見交換会が開催されることになりました。

この意見交換会は、第1回「東区の在宅医療を考える会」（通称「考える会」）と命名されました。これがのちのち、「山の下ねっと」へつながっていくとは、当時の私たちは想像すらしていませんでした。


続いて第2回「考える会」が開催されたのは2012年5月のことです。

このときは初回メンバーに加え、診療所医師、病院医療ソーシャルワーカー、介護職らも参加し、総勢14人が意見交換を行いました。そして、東区の在宅ケアが全国レベルと比べて不十分であることや、改善すべき課題が多くあるとの認識を共有しました。

さらに、同年10月に開催された第3回「考える会」では、課題の解決を具現化すべく、各現場で日々奮闘している専門職の人たちに集まってもらい、議論を深めていきました。

そこで在宅医療を普及させ、地域包括ケアを実現するためには、この地域で活動する多職種による連携が必須であり、ネットワークを構築する必要性があることを皆で確認しました。

同時に、お互い顔の見える関係をつくる必要があるとの認識において意見が一致したため、パイプ役として引き続き行政にも関わってもらいたいという話が出ました。行政へ持ちかけたところ、関係者も理解を示し、快諾してもらうことができました。

ただし、迅速性と実現性を考えると、行政が中心となって区全体で取り組むことは現実的ではなく、「区内一斉にネットワークをつくっていくことは難しいのでは？」という意見もあったため、ひとまず「日常生活圏域を1エリアとしたネットワークを構築し、運用してみよう」という結論に落ち着きました。

そして地域包括ケアに関わる「会」を立ち上げ、まずは区民らの生活圏域である山の下・藤見・下山中学校区の、いわゆる「山の下圏域」において運用を試みることになったのです。また、この地域に限定した理由はちょうど山の下が海に面し、日本一長い川の信濃川の河口に位置しており、さらにその対側には日本有数の大河である阿賀野川が位置しているため物理的に区切られた地域であったことも関係しています。

2013年1月15日、在宅医療普及の重要性について話し合ってきたメンバーのうち、医療・介護・福祉における代表的なメンバー11人が集結しました。そのなかから、内科医師2人、病院医療ソーシャルワーカー2人、東区健康福祉課職員2人の計6人が、会の世話役を引き受けることになりました。

さらに、会の運営に協力できる運営委員を募るために、圏域の診療所医師全員に声をかけると同時に、在宅医療に関わっている歯科医師、調剤薬局、訪問看護ステーション、各種介護系事業所の代表、東区社会福祉協議会、東区健康福祉課などにも呼びかけて、2013年2月25日、約30人によるグループワークを開催しました。

グループワークのテーマは「山の下地域における在宅ケアおよび多職種連携の現状と課題」でした。テーマをもとに各職種の立場から意見を挙げてもらったところ、主として次のような問題点が見えてきました。

【山の下圏域における在宅ケアの現状】

・各職種間で必要な情報共有がなされていない
・他職種に関しても同職種に関しても、お互いのことをよく知らない

・介護職従事者が、医師に対して「心理的な壁」を感じている
・マンパワー不足、受け皿不足
・時間外の対応が難しい
・患者自身およびその家族に、理解力や経済力、介護力が不足している
・一般市民が「在宅医療」についてよく知らない
・病院職員が「在宅医療」についてよく知らない
・医療依存度が高い患者が増えている
・住まいや生活に関する支援が不足している

特に大きな課題は、「情報共有の難しさ」や「心理的な壁」です。

医療や福祉、介護に携わる職種は非常に多彩であり、しかも、それぞれが独自色の強い専門職として一人の患者や入所者に対し、関わっています。そのため、職種をまたいだ連携を育むのが難しく、特に、医療と介護の間にはなかなか越えられない壁があります。

しかし、患者や入所者が幸せな人生を住んでいる地域でまっとうするには、医療や福

祉、介護などの専門職が手を携え、互いの得意分野を持ち寄りながらサポートしていくことが必要です。

「これは、介護の仕事じゃない」

「医療は、そこまで手を出すべきではない」

このように壁をつくっていては、人の人生を包括的にサポートすることなど、到底できるものではありません。

もちろん、これ以外の課題も、私たちが自分たちで解決策を見つける必要がありました。しかし、いずれの課題も、解決まで一朝一夕とはいかないことは明らかです。それでも、現状を変えるためには行動するしかありません。しかも、患者や利用者のなかには余命が短い人たちもいますから、できるだけ迅速に問題の解決を進めることが必要です。

そこで、2月のグループワーク開催から2カ月後となる2013年4月23日、今度は会の運営に協力してくれる委員約30人が集合し、「山の下地域の医療・福祉関係機関情報の整備について」をテーマにグループワークが開催されました。そこで会則が承認され、会の名称が「山の下地域包括ケアネット（通称『山の下ねっと』）」と決定されました。

これが、「山の下ねっと」の誕生です。在宅でがんの夫を看取った市議と、何度も議論を重ねたときから約3年が経過していました。

行政という「後ろ盾」の存在

「山の下ねっと」には前身ともいうべき「考える会」の段階から、行政の担当者にも参加してもらっていました。お願いして出席してもらっていたわけではなく、「こういう会を立ち上げます」と知らせたところ、行政の担当者が出席を申し出てくれたのがきっかけです。

「山の下ねっと」が軌道に乗った現在、改めて考えてみると、立ち上げの当初から行政にも関わってもらったのは、非常に有意義なことでした。「考える会」を立ち上げた当初、行政の窓口となっていたのは、新潟市東区健康福祉課の課長補佐でした。とても熱心に地域行政に取り組んでいた人物で、「考える会」を立ち上げると知らせたときにも、強い関心を持って話を聞いてくれたことを覚えています。

行政を仲間に誘おうと決めたのは、医療や福祉に関する行政の施策を踏まえたうえで、地域包括ケアを考えなければ、「絵に描いた餅」になりかねないと考えたからです。

病院や福祉団体で働く人たちは、当然ながら、行政が計画している施策について細かいことまで把握していません。現在、すでに施行されていることについては理解していても、これからどのようなことが計画されていて、中長期的には市の医療福祉がどの方向へ進んでいくのか、道筋の認識も不十分です。

そのため、医療や福祉、介護に携わる「現場の人間」だけでなく、行政の立場からそれらの領域に関わる担当者にも加わってもらい、公の視点で地域包括についての意見をもらうことが必要だと考えました。

もちろん、こうした取り組みに参加することは、行政にとってもメリットがあります。地域包括に関する取り組みを行政主導で行おうとすれば、どうしても住民の目線に欠けてしまい、いってみれば、「一段上」の立場からの意見になります。

また「考える会」が立ち上がった当時は、全国的に「地域包括ケア」という言葉が聞かれはじめた頃であり、国から各自治体に対し、「地域の事情に即した地域包括ケアシステムを構築すべし」という通知が出されていました。

それまで国の施策はトップダウン方式で伝えられており、「こういう制度を設け、運用しなさい」と指示が下りてきて、自治体はそれを実践する、というのが従来のやり方でした。しかし地域包括ケアシステムにおいては、そのシステムの特性から、「地域の事情に即した形で展開しなさい」と地域独自の運用に任されました。

それまで、行政は地域の医療や福祉の細かな事情を収集する手段をあまり持ち合わせていませんでしたから、「地域の事情に即した形で、って言われても……」と困っていた自治体も多かっただろうと思います。

そうしたなかで、折しも「考える会」を作るという話が、地元の医療や介護の関係者から舞い込んできたのですから、東区にとっては渡りに船だったのではないかと思います。「考える会」だけでなく、「山の下ねっと」が創設されたあとも、東区の担当者は積極的に集まりに参加してくれました。

「山の下ねっと」で新しい取り組みをはじめる際には、「行政もこの取り組みに参画している」という旨を通知するようにしましたから、「山の下ねっと」の参加者には「行政のお墨付き」であることをアピールすることもできましたし、「山の下ねっと」の公平性や平等性を印象づけるうえでも、行政の参加は非常に有効だったと考えています。

新型コロナウイルスの感染拡大により、全体会がオンライン開催になった時期もありましたが、それ以前は毎回、新潟市東区の区長も全体会に招き、開会に伴って挨拶もしてもらいました。

地域包括ケアを「絵に描いた餅」にしないためには、医療、介護、福祉などの団体だけでなく、行政にも積極的に関わってもらうことが重要だと、強く感じています。

活動における5つの柱

「山の下ねっと」は創設以来、さまざまな活動を展開しています。その内容をまとめると、以下の5つに集約されます。

1．患者や利用者中心の情報を共有する

近隣の医療資源として、どこに、どのような施設や事業所があり、それらは何ができるのか、どこまでやれるのかといった情報を集約しておくと、例えば「介護施設に入所している高齢者が、急に医療の介入が必要になったが、どの医療機関に診察を依頼したらよいか分からない」といったシーンで役立ちます。医療機関によっては「Aという地域までは訪問診療を行っているけれど、Bの地域は対象外」ということもありますし、「訪問診療で簡単な応急処置は行うけれど、それ以外は行わない」ということもあり得ます。

そこで「山の下ねっと」は、「どこにどんな医療資源があるのか」「そこは何ができるのか、あるいは何ができないのか」といった情報を収集することに努めました。

具体的には、圏域内すべての医療機関や調剤薬局、訪問看護ステーションに質問調査を行い、「訪問診療・往診を行っているか否か」「在宅看取りに対応しているか否か」「訪問エリア」「在宅で可能な医療処置」「医師への連絡・相談方法」「退院時カンファレンス参加の可否」などを尋ねました。こうしてまとまった情報を施設ごとにファイルにまとめて、グループウェアで共有できるように環境を整えました。

「山の下ねっと」の会員は、いつでもウェブサイト上でこれらの情報を確認することができるようにしました。これにより「日々の業務がスムーズになった」「逐一、医療機関や各施設へ確認する手間が省略できるようになった」など、喜びの声が多く聞かれるようになりました。

現在では、新潟市在宅医療・介護連携センターが新潟市全域の情報を集約してホームページに公開しています。情報収集にあたっては山の下ねっとで使用したフォーマットをベースにしています。

地域包括ケアには一般に「住まい」「医療」「介護」「介護予防」「生活支援」という5つの領域があり、各領域の事業者や担当者が密に連携することが求められます。同時に、それぞれの領域内で活動する機関や施設のつながりも必要であり、特に、「医療」の分野において重要なのが「診診連携」です。

医療の連携というと「病診連携」を思い浮かべる人も多いと思います。これは文字どおり、病院と診療所の連携であり、両者が密な関係性を築くことにより、包括的で一貫性のある医療サービスを患者に提供できる、というものです。

［図6］ 会員間の情報共有のための質問調査票

診療所名	阿部胃腸科内科医院	在宅療養支援診療所	○
(フリガナ) 医師氏名	院長：阿部《あべ》 行宏《みちひろ》　他医師:		
所在地			
TEL/FAX			
URL			
診療科目 専門■	☑内科■消化器内科		

通常診療時間	診療(受付)時間	月	火	水	木	金	土	日
午前		○	○	○	○	○	○	—
午後		○	○	—	○	○	—	—
訪問診療		—	○	○	—	○	—	—
備考								

介護事業所、他の機関との連携など

医師への連絡相談方法	■書面(■郵送　FAX)　■電話 ■メール：アドレス ■対面(アポイント要)：面接日時／面接時間　10分位	
介護保険主治医意見書の作成依頼を主目的とした初診	可	
退院カンファレンスへの参加	可	参加者：□医師　■看護師／退院時共同指導料算定：■共同指導料算定 対応可能曜日・時間：月・火・木・金

在宅療養患者の診療 診療支援について

在宅療対応	新規受入応相談	ターミナル対応	看取りまで可
訪問看護指示	可	訪問リハビリ指示	可
訪問診療	可	往診	自院患者に限り可
訪問・往診エリア、訪問診療・往診の具体的条件			

	状態	対応可否		状態	対応可否
栄養・内分泌	中心静脈栄養	○	呼吸器	在宅酸素	○
	末梢点滴	○		CPAP	○
	経鼻経管	○(チューブ交換○)		NPPV	○
	胃ろう	○(チューブ交換○)		気管切開	△
	腸ろう	○		レスピレーター	△
	インスリン	○	その他	腹膜透析(CAPD)	△
泌尿器・直腸	フォーレ	○		抗癌剤	△
	導尿	○		疼痛管理・麻薬	△
	膀胱ろう	△		認知症	○
	人工肛門	△		褥瘡	△

※可(○)となっていても条件的に不可(×)となる場合や、その逆もあり

備考（地域連携に関する意向）
できるだけ対応しようと思います

一方、「診診連携」とは診療所と診療所のつながりを意味する言葉で、例えば、「整形外科と消化器内科」「呼吸器内科と循環器内科」など、複数の診療科に受診する必要がある患者に対して、各診療所が連携し、互いの専門性を活かして患者の診療にあたることを言います。

特に高齢になるほど、いくつもの診療科を受診しなければならないケースも増えてきますし、そうしたとき、診療所同士が互いの情報を所有し、「あの診療所なら訪問診療の対応をしてくれる」「あの診療所ならターミナル対応で看取りまでしてくれる」「あの診療所であれば検査ができる」など細かく分かれれば、患者の診察を委ねるにも安心です。

また訪問診療は主に内科で行われていますが、どうしても皮膚科や整形外科での診察を要することもあります。その際に地域の診療所で対応することができれば、ある意味で地域の診療所全体で病院と同じ機能を持つことができるのです。

2. 小グループでの検討会

「山の下ねっと」の特徴の一つとして、「参加メンバーの自主性に委ねる」ことがあります。一般に、組織のリーダーがメンバーへ、早急に解決が求められるテーマを渡し、「これについて議論を交わし、解決策を提示してください」と指示を出すことは容易です。メンバーはリーダーの指示に従って、期待どおりの答えを期日までに提示してきます。

しかしそうしたトップダウン方式では、参加メンバーの自主性や主体性を養うことはできません。リーダーの意向に沿って動くことしかできない、受動的なロボット型の組織になってしまうことは間違いありません。

そこで「山の下ねっと」では、草の根レベルで主体的に解決すべき問題や、みんなで相談すべきテーマを持ち寄り、関係する人たちによって小グループを結成して、自主的に検討会を開催する方式を採用しています。

例えば、「褥瘡《じょくそう》」「リハビリ」など、ある特定のテーマに関わる人たちが任意に少人数のグループを組織して、自主的に会合や勉強会を開催し、互いに現状の問題点を理解したり、職種固有の知識や技能を皆で共有したりしています。

そうした主体性を育むことで、常に活気あふれる組織が築かれます。また、さまざまな職域で活動するメンバーたちが一つのテーマのもとに集うことで、現実に即した課題や問題点が次々と掘り起こされ、理論や常識にとらわれない、画期的な解決策も生まれると思います。

3．住民への啓発

「山の下ねっと」は、決して医療や介護に携わる人たちだけで完結する組織ではありません。そこで得られた知識や学びが、病院の患者や施設の利用者、在宅ケアを受ける高齢者たちへ還元されなければ、まったく意味をなしません。

そのために必要なのは、「住民への啓発」です。在宅ケアを提供する側がどんなに熱心に提供体制を整えても、ケアを受ける側の知識が乏しかったり、常に「待ち」の姿勢であったりすれば、せっかくの地域医療体制も「宝の持ち腐れ」になってしまうからです。

そうした事態を防ぐべく、「山の下ねっと」は、新潟市東区の２０１３年度「特色ある区づくり事業」と協働して、在宅ケアについての情報誌を企画・編集することに決めました。

中心となって進めたメンバーは「山の下ねっと」の世話人で、編集にあたっては、「在宅ケアに関する知識が皆無の人にも分かりやすいように」を心がけ、イラストを多用して幅広い世代に気軽に目を通してもらえるものに仕上げました。

試行錯誤の末、ようやく完成した『そうだったの！在宅ケア　医療と介護』は8000部発刊され、区民に無料配布されました。

区民への啓発活動という観点で、もう一つ、力を入れたのが「山の下ねっと」のウェブサイトの立ち上げです。

現在では、医療機関が開業するにあたってはウェブサイトを有していることが必須の時代ですが、無線通信システムである5Gが日本国内で一般的に利用できるようになったのが2020年3月です。この頃から高齢者を含む多くの人が医療機関などの情報をスマホで検索するようになったことを考えると、「山の下ねっと」はかなり早い段階でウェブサイトの重要性を意識していたということが分かると思います。

ウェブサイトを立ち上げた当初は、「市民啓発」「会員相互の連絡」「交流の推進」が主な活用目的だと考えていましたが、内容は年数を重ねるにつれ、充実度を増していきました。

市民啓発を目的としたコンテンツとしては、まず、地域包括ケアについて分かりやすく説明している「ご挨拶・地域包括ケアとは」が挙げられます。

このコンテンツでは、医療が発達した今の時代において、「死」の前に「病」の期間を過ごさなければならない人が多く、誰もが在宅医療や施設療養について考える必要性があることを説明しています。

また、在宅ケアが必要な人に対して、「山の下ねっと」ではどんなことを考えながら、どんなサービスを提供しているのかを伝えています。

ちなみに、このコンテンツでは、「山の下ねっと」という略称が、地元の有名食品「山ノ下なっとう」にあやかったものであることや、納豆の豆と糸の絡み合いのように、多職種・多機関が密接に連携していければとの願いを込めたことなどにも触れています。

ちょっとしたユーモアの交ざった内容ですが、「山ノ下なっとう」という、地域の人にとってなじみのあるものを引用することは、利用者に親しみを抱いてもらうよいきっかけとなり得るのではと思います。

また、在宅医療・介護に関係する職種やサービスを紹介するため、「私たちが在宅ケアを支えます」というコンテンツも設けています。このコンテンツでは、それぞれの職種の人がどのようなサポートを行っているのかを詳しく説明しています。

ウェブサイトを立ち上げた２０１４年、山の下圏域の人口は４万８８３３人で、そのうち65歳以上の人口が1万３３８９人と高齢化率が27・４％にのぼり、また、要介護・要支援認定者数は２５９３人（認定率19・４％）に達していました。全国平均よりも山の下圏域の高齢化率は非常に高く、エリア内には約１５０の医療・介護施設（事業所）が存在していました。それらの施設や事業所は圏域内だけでなく、圏域外の事業者との関わりもあったことから、「山の下ねっと」にも、圏域外からも複数の事業者が参加してくれることになりました。

参加している会員事業所については、「事業所・関係機関リスト」のコンテンツで紹介しているほか、「関連リンク集」では、厚生労働省や新潟市医師会、新潟市在宅医療・介護連携センターをはじめ、在宅ケアについての知識を深めるのに役立つサイトを紹介しています。

4．顔の見える関係づくり

そもそも「山の下ねっと」が誕生した理由の一つに、「顔の見える関係を構築したい」という想いがあります。

医療や介護、福祉は人の健康と幸福に貢献するため、さまざまな業務を担当しています。しかし、仕事の目的はほぼ同じではあるものの、組織や事業所、役職などが違えば接点を持つ機会はほとんどありませんし、特に医療と介護の間には見えない「壁」が存在します。

しかし、医療や介護、福祉が目指すのは、その地域に住んでいる一人ひとりの健康と幸福です。住民は決して単なる大衆ではなく、それぞれが名前や家族をもち、おのおの価値観とともに生活している固有の存在です。

一人ひとりに多様なサービスを提供するには、医療や介護、福祉に携わる関係者たちがお互いに「自分たちには何ができるか」という情報を共有し、不足している知識や能力は、それを持っている関係者に頼る姿勢が必要です。

そのために大事なのは「顔の見える関係性を構築する」ということであり、それを実現するには全員が一堂に会し、腹を割って話せる場をつくることが大切だと考えました。

当然ながら、山の下ねっとの活動に参加するすべてのメンバーは、「山の下ねっと」のみで活動しているわけではなく、それぞれがそれぞれの仕事に対して責務を負っています。

そのため、常に「山の下ねっと」の活動を優先できるというわけではありません。しかし「山の下ねっと」の活動目的が、会員の相互研鑽と地域住民の福祉に寄与することと定められている以上、職種の壁を越えて互いに理解し合い、支え合うことがとても大切です。

この目的を達成するためにも、特定の企業や人物が主導権や決定権を持つことなく、全員が対等に向き合える関係でいるということは、非常に重要なことなのです。

「顔の見える関係性」をつくるために役立っているのが、定期で開催されている全体会であり、そこで行われるグループワークです。

第1回全体会は2014年2月8日、新潟市東区プラザで開催されました。会場の規模に制約があるため、各施設からの参加人数を1～2人に制限せざるを得ませんでしたが、参加人数は私たちの予想を大きく超え、118人が参加してくれました。

メンバーの職種は幅広く、医師、歯科医師、看護師、薬剤師、リハビリ、ケアマネジャー、ヘルパー、介護施設職員、地域医療連携室、東区社会福祉協議会、東区健康福祉課職員など、文字どおり多職種の人たちが一堂に集まりました。

記念すべき第1回では、まず私が「『山の下ねっと』と『多職種連携・地域包括ケア』について」というテーマで30分ほど講演を行ったあと、いくつかのグループに参加者を分けてグループワークを行いました。

グループワークのテーマは「山の下圏域の多職種連携の課題と取り組みたいこと」と設定しました。

「山の下ねっと」が立ち上がって初めての全体会であり、しかも、初めて顔を合わせる人も多いなかでいきなりグループワークを行うことに心配もありましたが、「山の下ねっと」の前身「考える会」でもグループワークを行い、想像以上の成果を得てきたという自信もありました。

結果的には初回ながら非常に活発に意見が飛び交う、実り多いグループワークとなり、

［図7］ これまでに開催した全体会のテーマ

開催日	テーマ
2014/2/8	・「山の下ねっと」と「多職種連携・地域包括ケア」について ・「山の下圏域の多職種連携の課題と取り組みたいこと」
2014/8/23	・山の下の みんなで支える 認知症
2015/2/28	・地域・多職種で考える「食」～摂食・嚥下機能～の支援
2015/8/22	・在宅・施設での看取りを考える
2016/2/6	・山の下ねっと の 今までとこれから
2016/9/3	・多機関連携で「地域力」UP！～安心して生活できる山の下（地域）づくりのために
2017/2/18	・のばそう！ 健康寿命！転倒・骨折予防のためにわたしたち多職種ができること
2017/9/9	・山の下の みんなで支える 認知症 Part.2
2018/2/24	・在宅・施設での救急対応と医療連携
2018/9/1	10回記念 ござれやネット・ぽーちゅらかネット合同開催 ・在宅医療ネットワーク 今まで・現在・これから ・各ネットワーク企画分科会 （①胃ろう・② ACP・③地域特性）
2019/3/2	・山の下の みんなで支える 認知症 Part.2 ― 初期集中支援を中心に ―
2019/8/17	・みんなで話そっ！ 私たちは山の下の在宅ケア専門職です！
2021/1/30	・COVID-19への対応 これまでとこれから
2022/2/19	・日ごろの実践から捉える ACP
2023/9/9	・医療・介護連携における壁とすき間
2024/2/17	・山の下の みんなで支える 認知症 Part.2 ― 初期集中支援と精神科医療 ―

会場からは「えっ、もう終わり？」「話し足りない」「もっとたくさんの人の話が聞きたい」という感想が聞かれました。話の内容を見直してみると最終的にはどのグループも同じ課題を抱えていたということが多くあります。同じ課題を共有することが地域のパートナーとしての自覚が生まれることにつながるのです。

こうした手応えは、確実に以降の全体会・グループワークへ継承されています。新型コロナウイルスの感染拡大により、一時期は中止を余儀なくされたり、オンライン開催にせざるを得なかったりしたこともありますが、全体会とグループワークを通してリアルに対面し、メンバー同士の絆が強まり、実際に仕事の依頼や相談につながったケースは無数にあります。

5. 問題点の共有

医療や介護、福祉に携わる業務を行っていると、さまざまなシーンで多くのトラブルや困りごとが出現します。

病院では、「高齢の患者が病院に入院しているけれど、最期は自宅で過ごしたいと言っている。でも、うちは訪問診療をやっていないし、いったい誰につないだらよいのだろう？」という問題が浮上するのは日常茶飯事です。

また介護施設では、「認知症がひどくなってきて、うちでは面倒を見きれなくなってきた。でも身寄りもいないし、相談できる親戚もいない。どうしたらよいのだろう？」という問題が起きることもあります。

このような場合、「誰に相談したらよいのか分からない」といって、相談相手が見つからず、問題が宙に浮いてしまうことも少なくありません。

そうしたとき、問題点を共有できる場を持つことは、医療や福祉、介護の業務に携わる人たちにとっては大きな安心感につながりますし、業務の効率化にも役立ちます。その点で、「山の下ねっと」で築いた「顔の見える関係」は非常に有効です。

とはいえ、「山の下ねっと」が立ち上がった当初から、すんなりと「顔の見える関係」が構築できたわけではありません。

初めは周りの人をよく知らないまま、全体会やグループワークに参加していたのが、次第にお互いの顔と名前が一致するようになってきます。グループワークで同じ人と複数回、顔を合わせることがあれば「あっ、この間の……」とその人のことが記憶されますし、やがてみんなのことをよく知ろうという意識が自然に生まれてきます。

やがてお互いの顔を知り、どういった職場でどんな仕事をしているのかがなんとなく理解できるようになってきます。お互いがどういった思いで、どういった業務を担っているのか。そして、その業務ではどんな問題点や課題があるのか。そういったことを互いに理解し、共有し合うことができるようになって初めて、「現実の課題にどう向き合うか?」という思考が芽生えてくるのです。

まだ互いの顔をよく認識していない段階から、「問題点を共有し、解決策を導こう」と考えるのは早計です。

まずは互いのことをよく知って、顔の見える関係を構築する。

そして、日々の仕事で抱く思いや悩みを共有する。

それから、現実的にどんな課題があるのか整理して、それを解決するためにはどうすべきかを考える。

この3ステップを経て、「山の下ねっと」は地域の課題を解決するという機能をもつことができたのですし、そうやって着実に段階を踏んだからこそ、「山の下ねっと」に参加するメンバー全員が、「山の下エリアに住む人たちに、もっと健康と幸せになってもらうにはどうしたらいいか？」という共通の思いのもと、「自分たちにできることはなんだろう？」と、それぞれの立場や視点で解決策を講じることができるようになったのです。

この全体会の講演を聞くことにより、今何が地域の課題として認識されているのかが理解できるようになります。またその課題に対してお互いが話をすることにより、地域の同じ課題を持つパートナーとして、同じような一歩先の未来（私はいつも全体会で「一歩先のリアル」と表現しています）を描けることが重要となるのです。

［第3章］

定期的なグループワークで課題を共有し、連携を強化する「ブロックチェーン型」地域包括ケアシステムの効果的な運用方法

地域包括ケアシステムは連鎖する

「山の下ねっと」は、全国のなかでも早い段階で活動を開始した地域包括ネットワークの一つですが、次第に多くの組織や団体も地域包括ケアシステムの重要性について考えるようになっています。

こうしたなか、「山の下ねっと」の周辺エリアにも、「『山の下ねっと』と同じように地域包括ケアシステムを構築していこう」という動きを見せる団体が現れはじめました。

そのうちの一つが、新潟市北区の地域包括ケアネット「ござれやネット」です。正式名称は、「北区医療と介護のささえあいネット」といいます。新潟弁で「いらっしゃい」を意味する「ござれや」を用いて「ござれやネット」と呼ばれている団体で、2014年12月に設立されました。

この団体は、「山の下ねっと」と同じように、「世話人会」が中心となって会の企画を行い、「運営委員会」が運営を決定しています。また、年に1回の「総会」を中心に、適宜

「勉強会」を開催するなどして、多職種間で「顔の見える関係」を築いています。

活動目的は、2つを掲げています。

・新潟市北区において、医療・福祉の専門職等多職種の連携・協働を図ることにより、住民の誰もが住み慣れた地域で尊厳をもって最後まで暮らせる地域づくりを目指すこと

・在宅医療・福祉に関わる多職種の人たちが集まり、励まし合い、学び合う場として活動し、顔の見える関係づくりおよび連携体制の推進を図ること

また、2016年、新潟市東区役所健康福祉課、石山地域保健福祉センター、新潟市地域医療推進課、地域包括支援センターなどが話し合いを重ねて誕生したのが、木戸大形石山圏域地域医療ネットワークの「ぽーちゅらかネット」です。

ちなみに、「ポーチュラカ」は東区の区花のことです。同団体は、新潟医療生活協同組

合機関紙「新潟医療生協」などを通して、団体のメンバーが一丸となって医療と介護を連携することによって、「その人らしい暮らし」に寄り添う仕組みを考えていくことを明言しています。

活動目的としては、「新潟市東区の木戸、大形、石山圏域における保健、医療、福祉、介護および行政を含む関係機関が集い、顔と顔の見える関係づくりを進めて、学習、連携を通して、地域住民が、その人らしく暮らしていくことに寄与すること」を掲げて、幹事会や学習会を開催しています。

いずれの団体も、「山の下ねっと」のあとに誕生し、どのようにシステムを運営しているか詳しくは知りませんが、活動の目的は「山の下ねっと」とほとんど変わるところはありません。その意味では、「山の下ねっと」が周辺地域にもたらした好影響といってもよいと思います。

ただし、「山の下ねっと」とその他の団体で異なる点もあります。例えば会費制をとっているのは「山の下ねっと」だけで、ほかの2つの団体は参加費用が発生することはありません。

「ござれやネット」はウェブサイトを見ると、会費「なし」とされており、「研修会開催時に参加費として500円を徴収する。寄付金を充当する」と書かれています。そのように経済面だけでなく、それぞれの団体で異なる点はたくさんあると思いますが、地域包括ケアシステムの理想を追求していきたいという思いについては、ほかの団体も私たちとまったく同じです。

「山の下ねっと」はこうした団体と協業し、2018年9月1日、東区プラザホールで全体会「ござれやネット・ぽーちゅらかネット合同開催」を催しました。ここでは「在宅医療ネットワーク 今まで・現在・これから」と題したシンポジウムと、各ネットワーク企画分科会として、「胃ろう」「ACP」「地域特性」についてパネルディスカッションやグループワーク、グループトークを展開しました。

会場には200人近い参加者が集い、いつにも増して大盛況となりました。それ以外で「山の下ねっと」がほかの団体と協業したことはありませんが、今後も協業する可能性はあります。

複数の団体が手を取り合うことで規模も大きくなりますし、コミュニケーションが活性化すれば、介護や医療に関してできることも増えてくることが予想されます。1つの団体では世の中を変えることはできなくても、いくつかの団体が力を合わせれば、変化を起こすこともあるはずです。

そうした「掛け算の力」に、今後は期待していきたいと考えています。

ちなみに、「ござれやネット」「ぽーちゅらかネット」とともに、新潟市在宅医療・介護連携センターのホームページに掲載されている、「新潟市の各区で活躍する在宅医療ネットワーク」一覧に掲載されています。この一覧には、「山の下ねっと」も含め、全20団体が掲載されています。

地域連携ネットワークの事情について、私が把握しているのは新潟市界隈《かいわい》に限定されますが、もちろん全国各地で、今後、こうした動きは盛んに見られるようになってくるに違いありません。

「ござれやネット」や「ぽーちゅらかネット」の例を見ても分かるとおり、地域連携に関する取り組みはほかのエリアに連鎖していくものですし、「より良いシステムをつくろう」と努力すればするほど、周辺地域や、そのまた周辺の地域にも好影響がもたらされ、おのおのが互いに切磋琢磨《せっさたくま》しながらシステムのクオリティを向上させていきます。

その結果、介護や医療の質を追求した地域包括ケアシステムが日本全国に浸透すれば、誰もが安心して暮らせるまちづくりを実現できます。これが、世界に例を見ない勢いで超高齢化が進む日本において、幸福な未来を追求するためのシナリオではないかと考えています。

「ブロックチェーン型」地域包括ケアシステムの効果的な運用方法とは？

地域包括ケアシステムの構築は、２０２４年現在、全国各地で喫緊の課題となっています。

システムの構築方法に関しては決まったやり方があるわけではないので、独自のメソッドでシステムを確立しようとしている地域も多いと考えられます。「山の下ねっと」がシステムを構築するうえで採用した「ブロックチェーン型」の手法も、その一つといえます。

例えば、私は「山の下ねっと」の代表を務めていると同時に、「山の下ねっと」の参加者から意見をもらう「世話人」が集まる「世話人会」の代表でもありますが、だからといって私が「山の下ねっと」を管理しているわけではなく、参加者全員が〝対等に〟この団体の一員として存在しています。

世話人とは、いわば、「チェアマン（司会者、議長）」のようなもの、と考えると分かりやすいと思います。

チェアマンである以上、各会議や講演会を円滑に進めるために立ち回る必要があるので、自分から何かを提案することもあれば、介護・医療業界の最近の潮流についての話題を提供することもあります。

最近の新潟市の傾向や、普段クリニックで外来や訪問診療をしている経験から近い将来を見通し、「『山の下ねっと』も今のうちに、こういうことを考えておいたほうがいい」と思われる話題を提案することもあります。

しかし、話題にすべきトピックを提供したからといって、「ぜひ、みんなの医療機関や施設でも、こうしたことをやりましょう」と促したり、命令したりしているのではなく、あくまでも「話のとっかかりとして話題を提供している」といったものであり、「山の下ねっと」の参加者に対し、強制力を持っている人は誰一人として存在しません。

なんらかの結論を出さなければならないとき、話し合いの場で意見がまとまらなかった場合には、最終的に世話人が決断を下すこともなくはありませんが、いずれにしても、私を含む世話人全員、「皆にも率先して意見を出してほしい」と考えていますし、たくさん出たアイデアのなかから良いと思われるものを忖度《そんたく》なしに採用していけたらと考えています。

もちろん全員が意見を出したとして、特定の職種の人の意見が通りやすいということはありません。

「山の下ねっと」の活動目的は、「新潟市東区山の下、藤見・下山圏域（山の下、藤見、下山中学校区）における在宅ケアに関わる保健・医療・福祉関係者および行政を含む関係機関の包括的連携の推進を図り、会員の相互研鑽と地域住民の福祉に寄与すること」であり、その実現には、意見の偏りをなくすことが重要で、そのためには、幅広い職種の人の意見を積極的に取り入れていくことが必要だと考えています。そのために全体会を開催しお互いの信頼関係を構築していくことが重要です。信頼をもとにしたブロックチェーンをつくり上げることで連携は推進され、より良い地域をつくることができると考えています。

それにあたり、各事業所を代表してグループワークなどに参加する人は、管理者レベルだけでなく、むしろ、常に現場に出ているスタッフが多いほうが好ましいと考えています。そうなれば、介護や医療の実態をより詳細に把握することができるのは間違いありませんし、参加者がそれぞれの職場にグループワークで話題になったことを持ち帰り、ほかのスタッフと知識をすぐさま共有できるというメリットもあります。

もちろん、「山の下ねっと」関連の集まりに誰が出席すべきかについては、事業所ごとに考えがあるとは思うので、「絶対に現場レベルの人に出席してほしい」ということはありませんが、今後、「山の下ねっと」がもっと価値ある組織として機能するためには、現場レベルの人たちの参加を今よりもっと促すことが必要であり、そのためにはその人たちに「参加したい！」「興味がある」と思ってもらえるようなトピックやテーマを提供することが不可欠であると考えています。

年に2回の全体会は士気を高めるために不可欠

設立以降、「山の下ねっと」は「全体会」を年に2回のペースで開催し続けています。組織をつくり、情報を共有する仕組みを立ち上げても、全員で集まる機会がなければ、会の一員であることを実感することができません。

また、「在宅ケアを普及させたい」という同じ志を持った仲間同士で集まり、お互いの考えに耳を傾けることによって、新たなアイデアが生まれてくることもあります。そのため、コロナ禍でオンライン開催を余儀なくされようとも、「山の下ねっと」は全体会を開催することにこだわってきました。

開催のペースをなぜ年2回にしているかというと、1年に1回だけでは、「みんなで理想の介護と医療を実現していこう」という気持ちが薄れてしまうことが考えられるためです。

また、関わった方々も異動してしまい、せっかく顔の見える関係性があっても顔が変わってしまう可能性もあります。

反対に開催頻度が高ければいいかというと、必ずしもそうとは限りません。

例えば3カ月に1度の開催にした場合、全体会開催時に「これからこういうことを始めてみよう」と、新しい試みを皆で決めたとしても、次の開催まで3カ月しかなければ、目標を達成できないまま次回の開催日を迎えることも考えられます。全体会を開催しても、お互いに報告できる進捗《しんちょく》がない可能性もありますし、効果判定をするにはトライアルの期間が短すぎるということもあります。

こうした可能性を考えたうえで、全体会の開催は半年に1回と設定しています。

第1回の全体会は2014年2月8日でした。100人を超えるメンバーが集まり、講演に続くグループワークを通して、お互いに意見を交わし合うことで、「顔の見える関係づくり」の貴重な第一歩を踏み出すことができました。

それから約半年後の8月23日には、第2回の全体会を開催しました。「山の下のみんなで支える認知症」をテーマに、基調講演およびパネルディスカッションを行いました。団体としての活動で結果を出すためには、毎回、適切なテーマを選んでディスカッションを行うことも、とても大切だと考えています。

その時々の団体としての成長段階に合ったテーマを選べば、そのテーマについてみんなで考えることで、さらに大きく成長することができるからです。ただ、やはりグループワークによる顔の見える関係性の構築にまさるものはなく、アンケートでもグループワーク開催の希望が多くありました。

「山の下ねっと」には、診療所（医科）・東区健康福祉課・病院から各2人、社協・地域包括から各1人の、「世話人」からなる「世話人会」が存在します。

107の会員事業所と賛助会員2人の全メンバーから、どのようにして世話人を選んだかというと、「在宅医療に密に関わることを職務とし、在宅医療における問題を広い視野を持って理解している人」から任意に選択しました。

メンバーのうち、私を含む開業医と病院の事務局は、設立当初から変わらず世話人を務めていますが、東区健康福祉課や社協・地域包括に関しては人事異動があるため担当者は定期的に変わっています。

しかし、担当者が変わっても、後任者が変わらず世話人を務めてくれているところに、人に依存しない「自律型組織」という「山の下ねっと」の強みが現れていると思います。

世話人全員が集まる「世話人会」は、少なくとも年5回、開催しています。まず、年2回の全体会を開催するにあたっては、開催1～2カ月前に世話人全員が集合し、方向性を決めるために意見を交わします。また、開催直前には、当日の進め方などを確認するために再び集結します。

つまり、全体会開催のためのミーティングが年に4回は必要ということになります。加えて、「山の下ねっと」は会費制をとっているため決算が生じることから、それに関する話し合いも必要となり、結果的に最低でも年に5～6回は集まることになります。全体会の回数が多くなれば世話人会の回数も多くなり、それだけ時間が必要となりますのでこれ以上の開催は難しいということもあります。

また、世話人のほか、「山の下ねっと」では約20人が運営委員を務めています。では、どのようなときに開催されるかというと、基本的には会則に変更がある際や決算に関して承認が必要なタイミングです。

ちなみに、自薦他薦問わず誰でも運営委員会に入ることができますが、現メンバーの大半は「山の下ねっと」が創設された当初に声をかけ、快諾してもらった人たちです。「山の下ねっと」全体を活性化するため、もっと運営委員会の開催頻度を上げ、活発に意見を出し合う環境を整えたいという気持ちもあり、今後は運営委員会のあり方自体を見直していく必要があると考えています。

自分で考えて行動する習慣をつけるためにも、グループワークの実施は必須

在宅医療ネットワークは、全国各地で展開されています。「どのようにして運営しているのか」「具体的にどんな活動を行っているのか」については各ネットワークによって異なりますが、「山の下ねっと」の特徴である、「参加者全員が発言して意見を交わし合うグループワーク」は、実施しているところとしていないところがあります。

グループワークを行わなければ、在宅医療ネットワークとして十分活動できないということはありませんが、私個人としては、グループワークやグループディスカッションは必須だと考えています。なぜかというと、そうした機会がないとお互いの「腹のなか」が見えにくいからです。

つまり、実際のところお互いどう考えているのかが分かりにくいのです。もちろん、講演会を開催して、関係者に聴講してもらうことにもそれなりに意味はあります。在宅医

療を提供している開業医が登壇すれば、これから訪問診療を始めたいと考えている医師にとっては大きな学びがあります。行政が、在宅医療を必要としている利用者の数や実態を話せば、それぞれの事業者が「自分たちにできることはなんだろう」と考えるきっかけになります。

しかし私は、それではお互いが手と手を取り合って地域住民を支えていく地域包括ケアシステムになることは難しいと考えます。

また、講演会終了後に「いざというときはお互い協力し合いましょう」と名刺交換をする機会が設けられていたとしても、それだけでは、お互いに相手がどんな人であるかが不明瞭なままですし、いざというときに助けを求められる関係までは築けません。

一方、グループワークやグループディスカッションの場を共有していれば、お互いに相手がどんな考えを持っているかをある程度知ることができますし、仮に自分とは違う考えを持っている人だと分かったとしても、「あなたたちの職種がそう考えていることは理解できます」「私たちの職種は、こういうときはこうしてほしいと思っています」と、互いの立場を尊重しながら考えを伝え合うこともできます。

実情をいえば、各グループから出てくる意見が大きく食い違うことはそれほど多くありません。そのため、グループワークやグループディスカッションを重ねる意義としては、「それぞれの意見をぶつけ合い、違いを認める」というよりも、「お互いの、介護や医療に対する思いを確認し合う」といったほうが適切です。

顔と名前を知り、どのような考えを持つ人なのかが分かっていれば、いざ、一緒に仕事をしようというときにもスムーズです。こうしたプロセスを踏んでいるのといないのでは、実際の在宅ケアでの協業のクオリティが大きく変わってくることは間違いありません。

この、顔だけでなく「腹のなか」が見えることによる信頼関係の構築が、地域の潤滑剤のような役割を果たし、お互いを補い合うことでブロックチェーン的な関係性をつくり上げていると私は考えています。

講演会とグループワークの両方を開催する意味

「山の下ねっと」で多くの人が「顔の見える関係」を構築することができるのは、グループワークのおかげといっても過言ではありません。しかし正直にいうと、第1回の全体会でグループワークを開いていなかったら、その後も講演会のみとなっていた可能性があります。

実は試しにグループワークを行ってみたところ、「はじめまして」の相手でも急速に距離感が縮まり、お互いをよく理解し合えることが分かったのです。また、参加者にアンケートをとってみたところ、「これからもグループワークを続けていきたい」という声がたくさん上がりました。

なぜ初回にグループワークを行おうと思ったかというと、以前、「山の下ねっと」とは別の集まりで同業者と顔を合わせたとき、お互いが課題だと思っていることを書き出して並べてみたところ、課題を可視化することの重要性に気づくことができたからです。「これは同業者だけでやるよりも、もっといろいろな業種が集まる場でやったら、もっと有意義なものになるのでは？」と思っていたという経緯があり、のちに「山の下ねっと」として全体会を開催することになった際、グループワークを実施するに至ったのです。

実際に「山の下ねっと」でグループワークを実施してみて改めて気づいたことですが、大勢で集まる機会があっても、グループワークのようにお互いに意見を出し合う時間が設けられていなければ、「私はこういうことを課題だと思っています」といきなり相手に話しかける人はほとんどいません。

多くの場合、異業種の人と勉強会や講演会、学会などで対面する機会はあっても、名前や普段の仕事内容を伝え合って、「それでは」と別れてしまうものです。でも、グループワークがあれば、お互いの背景についてまでしっかり知ることができるという点において、まるで「その後」が違ってきます。

それでは、なぜグループワークだけにたっぷりと時間をかけずに講演会も開催しているかというと、グループワークの前に講演会があれば、講演会を聴いて感じたことをお互いに話し合うことができるからです。

加えて、グループワークで上がってきた課題のうち、「これについて考えることは大事だな」「これに関しては早急に改善方法を考えていきたいな」というものがあれば、それをテーマに次回の講演会の内容を決めることができます。

皆が求めていること、知りたいと思っていること、皆の力で改善していきたいと思っていることを、講演会とグループワークの両方を実施することで深掘りしていくことができるのです。

歯科との連携が重要

地域包括ケアシステムにおいて、とても大切な役割を担っている業種の一つが歯科です。

なぜ、医科と歯科がつながることが大事かといえば、医科歯科連携が実現することで、患者や高齢者にはさまざまなメリットがあるからです。

例えば、医師や看護師は患者の口腔ケアに対応することができませんが、口腔ケアを行うことで歯周病や細菌感染が抑制され、全身状態が改善されて体調が早期に回復したり、入院期間を短縮できたりすることがあります。

また現在、肺炎は「日本人の死因トップ3」に入る疾患ですが、これを引き起こす原因の一つに誤嚥性肺炎があります。実は、この誤嚥性肺炎は口腔ケアをしっかり行うことで予防できるというエビデンスがあります。

誤嚥性肺炎とは文字どおり、誤嚥によって生じる肺炎のことをいいます。本来、気管に入るべきではない異物（食べものや唾液など）が誤嚥によって気道を通ることで、その異物と一緒に口のなかの細菌が肺のなかに侵入し、肺炎を引き起こしてしまうのです。ということは、口のなかの細菌をしっかりコントロールしておけば、たとえ誤嚥を起こしても肺炎にはならないということになります。そのため、誤嚥性肺炎の予防には口腔ケアが重要なのです。

それから、口腔ケアをきちんと行うことで口腔内の細菌を減らし、栄養状態を改善できるというメリットもあります。口腔環境と全身の栄養状態は密接に関係していて、口腔機能が低下するとビタミン、ミネラル、タンパク質、食物繊維などの栄養素や、肉、魚介類、野菜、果物など食品の摂取が減少することが分かっています。つまり、口腔ケアをしっかり行えばたくさん食べ、豊富に栄養素を取れるようになり、結果的に栄養状態が良くなるのです。

そのほかにも、口腔環境が悪いと心臓疾患や脳梗塞、認知症などのリスクが高まることも分かっており、特に高齢者の健康を管理するうえでは、口腔管理は避けて通れない問題です。しかしながら、現実には病院と歯科が連携する機会はそう多くありません。そのため、いざというときにどうやって患者をつなげばいいか分からないことが少なくありません。こうした問題を解決し、万が一のときに活用できるネットワークを構築するため、「山の下ねっと」には多くの歯科医師や歯科衛生士も参加しています。

情報共有ツールを積極的に活用する

顔の見える関係性ができ、信頼できる関係性になったとしても、その間で情報を共有することができなければスムーズな連携には至りません。その連携のためにはＩＣＴによる情報共有が求められます。従来の情報共有では電話やＦＡＸが主体でした。それでは情報量が少なくなってしまいます。多くの関係者に同時に発信でき、情報が共有され、また関係者間のコミュニケーション内容も分かり合えるものが必要です。一般的にはＬＩＮＥや

［図8］　ヘルスケアSNS「SWANネット」の構成

Facebookが用いられますが、医療介護においてはプライバシーの問題からセキュリティーがしっかりしたヘルスケアＳＮＳが求められます。現在、「新潟市在宅医療・介護連携センター」では、地域内の病院、医科診療所、歯科診療所、薬局、介護サービス事業所、訪問看護ステーション、居宅介護支援事業所、地域包括支援センターなどが患者の情報を共有することができるヘルスケアＳＮＳとして、「ＳＷＡＮネット」の導入を推進しています。

「ＳＷＡＮネット」とは新潟市独自のヘルスケアＳＮＳで、２０１６年、地域医療介護総合確保基金「ＩＣＴ連携システム整備事業」

の補助金を活用して、新潟市内の介護と医療の事業所に役立ててもらおうと、市全域で運用が開始されたものです。

ちなみに、〝SWAN〟の名称は、「S（住み慣れた）」「W（我が家で）」「A（安心して暮らせるまち）」「N（新潟）」の頭文字で構成されています。

使い方としては、一般的なSNSと同じく、参加者がログインして情報を書き込んだり、書き込まれた情報を確認したりするのが基本です。

2024年現在、新潟市では241の参加事業所があります。各患者を中心にその関係者がグループチャットの形でコミュニケーションをとれるようになっています。病名、サマリー（病歴・治療歴）なども共有できるほか、紹介状などの情報をPDFファイルなどで載せられます。褥瘡など皮膚状態の確認など、なかなか言葉では表現が難しいことも写真を添付することで伝わりやすくなっています。

訪問診療した際に医師がどのような意図で処方を変更して、今後の見通しはどうしているのかを簡単に記載するだけで、関わっている薬局、看護師、介護士はより理解が深まり、より良いサービスの提供につながります。

また、Zoomのようにオンライン会議が可能なシステムであるSWANネットMeetを使用すれば、セキュリティーの高いオンライン上で診療、退院カンファレンス、ケアプラン検討なども行うことができます。

さらに、患者の家族に採血データや処方内容をメールで送ることができるNOTEという機能もあります。家族が許可すれば、参加していない事業所へもメールで同時に情報を送れます。また、家族からも発熱や食事摂取量が減ったなどの状態変化の情報を関係者へ送ることができるようになっています。症例を2つ挙げます。

1つめは、認知症と心不全がある101歳女性の症例です。

一人暮らしですが、近くに住んでいる娘がほぼ毎日付き添っていました。関係事業所は訪問看護、ケアマネジャー、薬局です。今まではなんとか通院していましたが、時折心不全が悪化し浮腫が強くなることがありました。訪問看護が入った際に血圧、体温、体重などの基本情報以外にも食事内容や家族が困っている点を記載して定期的に看護師に報告していました。浮腫の状態は写真に撮ってＳＷＡＮネットに載せることで、言葉では表現できにくい状態についての共有が図れました。

ある日、左肩に痛みを感じ湿布で対応していましたが、数日後から皮膚が赤くなり、家族は湿布のかぶれと考え、以前処方された軟膏を塗りました。その翌日から皮膚に水疱の所見があり、痛みも肩から右胸にかけて広い範囲に出ていました。家族がＮＯＴＥに載せた写真を見て、私のクリニックで帯状疱疹と診断できました。高齢のため食欲不振が強く、家族には適時状態を報告してもらい、その都度訪問看護師や医師から対応をアドバイスすることにより、家族の不安も解消することができました。

経過中は、食事がとれず脱水になったり、逆に水分量が増えて心不全が強くなったりしたため適時内服も調整していましたが、ＳＷＡＮネットを通じて薬局にも情報共有ができていたため変更もスムーズにでき、薬剤師から家族への説明もうまくいくようになっていました。

2つめは、認知症と転移性脳腫瘍を伴う肺がんの68歳男性の症例です。

ある年の12月に物忘れの検査の定期検査を行ったところ、脳腫瘍が指摘されて専門病院に紹介されました。多発していたため頭部に放射線治療が行われ、同時に行われた原因検索によって肺がんと診断されました。

抗がん剤の治療も何回か行われましたが、全身状態が悪くなり抗がん剤の治療は中止の方針となりました。患者家族と主治医が相談し、これ以上の積極的な治療は行わず対処療法のみでの対応に決まりました。その際、本人から「どうしても自宅に帰りたい」と希望があったため退院する運びとなり、退院の翌日には私のクリニックからの訪問診療を開始しました。訪問看護師、ケアマネジャーが同席し、今後の対応を検討しました。入院中は口からある程度食べられていたとの報告でしたが、退院翌日は数口しか食べられません。本人の意思確認はできましたが、細かい意思疎通は困難でした。

そのとき、問題として以下が挙げられました。

・家族は自宅療養を希望しているが継続できるのか?

・紹介状では病状は確認できたが、食事や排泄の状況、意思疎通の程度はどうであったか？

当時はコロナ禍でもあり、なかなか対面でのカンファレンスはできない状況でした。そのため、退院４日後にＳＷＡＮネットMeetを利用してオンラインでカンファレンスが行われました。出席者は病院連携室、訪問看護、ケアマネジャー、家族、そして私のクリニックです。今までの経過や家族の思い、現状の把握と今後の方針が検討され、早急に対応することができました。

残念ながら病状は悪化し、お亡くなりになりましたが、最期までＳＷＡＮネットで情報共有し、在宅でも状況に変化があれば迅速に対応することができました。

家族からは、「入院していたら、面会もできず一人で亡くなったかと思うとかわいそうでした。でも、退院して最期を自宅で迎えられてよかったです。亡くなる1時間くらい前に、家族４人で写真を見て笑い、穏やかな時間を過ごせました」という言葉をもらいました。

連携を深め、コミュニケーションを密にすることにより、より良い医療・介護サービスが提供できた例だと思います。

医療の働き方改革が行われ、より少ない人材・時間のなかで迅速に対応するためには、ＩＣＴツールは今後欠かせないものになると思います。新潟市においては、ある程度の参加事業所数があります。しかし、実際にしっかり運用している施設は少なく、今後も利用促進を図っていきたいと思います。

会費制による運営

在宅医療ネットワークのなかには、ネットワーク主催者がスポンサーをつけることで、会員に金銭的負担を負わせずに運営を続けているところも少なくありません。どんな企業がスポンサーになるかというと、例えば製薬会社などです。

製薬会社がスポンサーになって会場を借りたりお弁当を手配してくれたりすれば、会合の参加者も多くなり、興味を持つ人も増える可能性があります。

しかしスポンサーをつけると、スポンサーのタイミングで「協賛を下りる」と言い出される場合もあります。そうすると、その時点で運営が立ち行かなくなる可能性もゼロではありません。

「それを考えると、最初から会費制をとったほうがいいかもしれない」という結論に至り、「山の下ねっと」は会費制を採用しています。

会費は一事業所あたり年間3000円なので、それほど大きな負担ではありません。しかし、現在、約100事業所が参加してくれているため、総額にすると約30万円です。これだけの資金があれば、全体会を開催する会場も問題なく借りることができます。

また、コロナ禍においては、全体会はオンラインで開催されたため、会場を手配する必要がありませんでした。そのぶん、経費を浮かせることができ、翌年以降に持ち越すこともできました。

私も最初のうちは、「会ごとに違うスポンサーをつけることで運営を継続していくのでもいいのでは?」と考えていました。

結果的に、「山の下ねっと」はスポンサーをつけないと選択しましたが、スポンサーをつけることにもつけないことにもよしあしがあると思うので、それぞれの地域性を考慮しつつ、団体に合った選択をするのがいちばんだと思います。

会員が参加するメリットを考える

多くの人が集まって一つのことをやろうとするときは、「その団体やグループに参加することのメリット」を提示できることが大切です。

多くの人は、参加することのメリットが分からないものに、自分の大切な時間やお金を割こうとは思わないからです。ましてや、ただでさえ多忙を極めることが多い医療や介護の関係者は、そのあたりにとてもシビアです。

では、「山の下ねっと」が参加者に提供できたメリットは何かというと、やはり「地域内の多職種で集まる場を提供できた」ということです。

多職種で集まって、課題に対してどう思っているのかをお互いに話し合える場というのは意外と少ないものです。講演会だけではなくグループワークにも参加することで、お互いの意見に耳を傾け、顔の見える関係性を深めていけたことも大きいと考えています。

一つの課題に対してお互いがどのように感じているのかを話し合う時間を設けるうえで

は、こちらから「課題」を提示することが必要です。「普段から感じている課題を話してください」と急に言われると、なんらかの課題を持っていたとしても、すぐには思い出せないということも少なくありません。しかし課題が提示されたら、「それに関してはこういうふうに考えている」「こんなことを実践している」「もっとこうする必要があると思っている」「その課題に関連して、こんな課題もある」などと意見を述べやすくなりますし、会話もどんどん膨らんでいきます。

参考までに、「山の下ねっと」がこれまで設定してきた課題のテーマとしては、「認知症」「看取りのあり方」「摂食嚥下に関しての連携の仕方」「フレイル（健康な状態と要介護状態の中間の段階）に関してみんなが気を付けていかなくてはならないこと」などがありました。

それぞれの課題に対して、介護側が気を付けていること、医療側が気を付けていることを共有し合って、お互いの目線を確認することで、いざというときにスムーズに対応できるようになります。

また、コロナ禍に突入したことで残念ながら流れてしまった企画もありました。その一つに「災害時の連携の仕方」があります。

この企画は、新潟県村上市で震度6強を観測した山形県沖地震（2019年6月18日発生）で活躍した医療担当チームの講演を聴くという内容でした。2024年1月1日には能登半島地震も発生し、新潟でも液状化現象による被害が出ていたこともありますので、今後も改めて実施を検討したいと考えています。

［第4章］

密な医療・介護連携により緊急時にもスムーズに対応「ブロックチェーン型」の8つの効果事例

課題を解決し、利用者ファーストの社会を実現

「山の下ねっと」は、新潟市東区の山の下・藤見・下山中学校区という、いわゆる「山の下圏域」の医院、歯科医院、地域病院、訪問看護ステーション、薬局、居宅介護支援事業者、介護事業者、区役所などの有志が集まり設立した団体です。もともと「お互いの顔が見えるようになればより良い連携が生まれ、より良いサービスの提供ができるのではないか」という考えから発足しました。

しかし設立の目的は、ただ医療や介護、福祉に携わる人たちにとって、「良い労働環境を築きたい」という想いだけにとどまりません。最終的には、「医療などの恩恵を受ける一般の人たちが、より良き生を、そして、より良き死を迎えることができるには、どうしたらいいか?」という想いに行き着きます。

さまざまな団体や事業者が一堂に集まるなかでは、もちろん、意見の相違や気持ちのすれ違いもあります。しかし「いったいなぜ、自分たちはここに集まっているのか?」を考

え、「利用者の人たちの幸せを守るためだ」という原点に立ち返れば、自ずと進むべき道は見えてきます。「山の下ねっと」は常に、「労働者ファースト」ではなく、「利用者ファースト」でなければなりません。そうした姿勢を貫くからこそ、「山の下ねっと」は発足以来、多くの人たちの関わりのなかで、有機的なつながりを持つ、社会的意義のある組織へと成長を遂げてきました。

それに伴い、さまざまな領域でたくさんのメリットを生み出しています。

福祉や医療など、立場は違っても、多くの人が「『山の下ねっと』があってよかった」「参加していてよかった」と感じてくれているとしたら、創始メンバーの一人として、これ以上うれしいことはありません。

これから地域包括ネットワークを立ち上げよう、あるいは、既存のネットワークをもっと有効に活用しようという人たちにとって、現場で働く人たちのリアルな声が、なんらかのヒントになればと思います。

効果事例１　他分野にまたがる案件について、相談の窓口が明確になった

「山の下ねっと」の前身は「考える会」ですが、「考える会」の第2回から参加しているメンバーに、病院に勤務し、医療ソーシャルワーカーとして相談員をしていたAさんがいます。現在は総務課へ異動し、主に広報の仕事をしていますが、当時は地域連携センターという部署に所属をしていました。

彼は今でも世話人の一人として、また、事務局の担当者として、会議の招集や広報物の作成、ウェブサイトの管理などを担当しています。「『山の下ねっと』と関わるようになって、どんな影響があったか」という問いに対し、「どうしたらいいか、自分では判断つかないことにぶつかったとき、『あの人に聞けばいい』と、誰かの顔が浮かぶようになった」と話しています。

彼がこう話す背景には、２０００年4月、日本でスタートした介護保険制度があります。介護が必要になっても住み慣れた地域で可能な限り暮らし続けられるよう、保健・福

祉・医療にわたる介護サービスを社会全体で支えるために整備された、社会保険制度です。

この制度が施行されたことにより、利用者や各事業者、介護職員や看護職員からの相談窓口はケアマネジャーに一本化され、利用者に対してアセスメントを行ってケアプランについて同意を得たり、居宅サービス事業者へケアプランを交付したり、介護職員や看護職員に対して施設サービス計画について調整したりする業務が、ケアマネジャーに一任されるようになりました。

言うなれば、ケアマネジャーは「介護のコーディネーター」として、利用者と各事業者などのつなぎ役に任命されたのです。

窓口が一本化されるのは、確かに業務を行ううえで効率的であるかもしれません。しかし窓口がケアマネジャーに集約されたことで、Aさんをはじめ、それ以外の職務の人たちがほかの事業所とつながることが難しくなり、困ったことがあれば逐一、ケアマネジャーを介さなければならないという事態が増えてきました。

[図9]　利用者と各事業者をつなぐケアマネジャー

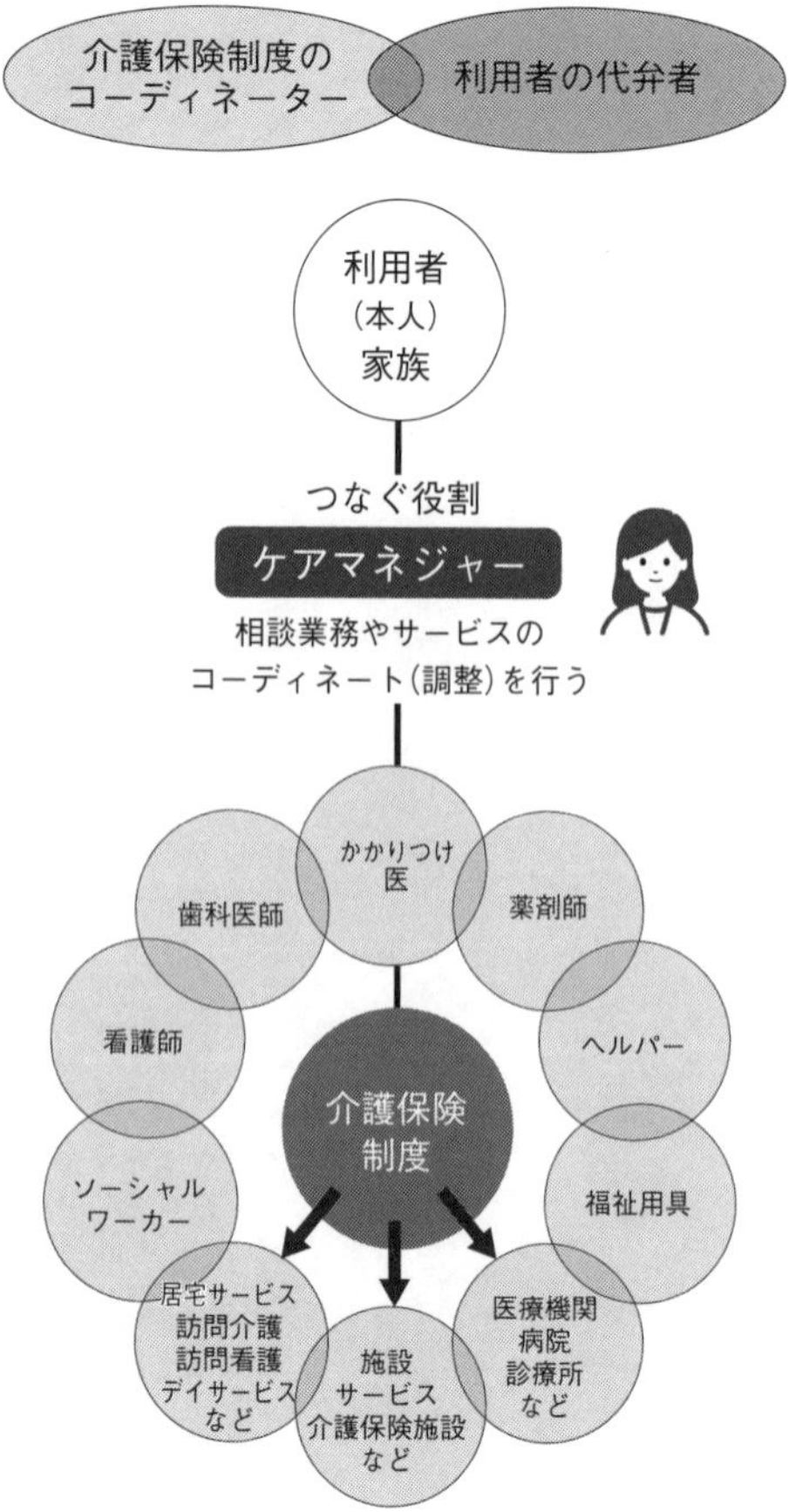

ちょっと分からないことがあったときなど、ヘルパーやデイサービスのスタッフなどにさっと教えてもらえればすぐに解決できるようなことでも、ケアマネジャーを通すことで、解決までに時間を要するようになってしまったのです。

そうしたなかで、「山の下ねっと」が立ち上がり、多職種の人たちが一堂に集う機会が得られるようになったということは、Aさんが業務を効率的に進めるうえで、大きな手助けになりました。なぜなら、「山の下ねっと」の全体会には医療や介護のさまざまな職種の、現役のスタッフたちが集うからです。

そうした人たちと顔を合わせ、言葉を交わし、日頃どんな業務をしているのか、どんな利用者を抱えているのかなど情報を交換することで、何か困ったことや分からないことがあったとき、すぐに「この話はあの人に相談したら、解決策を教えてもらえる」という、手がかりが得られるようになったのです。

「例えば、介護保険や診療報酬など、制度上の問題では立場によって解釈が異なることがあります。そのため、『制度上ではこうなっているけれど、現場ではどのように理解しているのだろう』と自分では分からないことも少なくありません。そんなときにはサービスを提供している事業所へ電話をかけ、実情を教えてもらうことがあります」と、Aさんは語ります。

困ったことや分からないことがあったとき、誰の顔も浮かばなければ、曖昧な理解のまま作業を進めてしまったり、確認に時間がかかったりすることもあります。また、制度や法律の解釈が職場や職域によって異なれば、その齟齬《そご》がのちのち大きな問題につながるかもしれません。

そのため、立場の異なる人が一つの解釈を共有できるということは、問題の芽を早々に摘み取ることにつながります。その意味では、「あの人に相談すれば大丈夫」と誰かの顔が浮かぶというのは非常に大きな価値のあることだといえます。

効果事例2 「自分にできること」を持ち寄って問題解決を目指せるようになった

医療や福祉の現場では、多くの職種が関わります。一人の利用者を中心点とすると、その点を取り囲むようにして、かかりつけ医、看護師、薬剤師、ソーシャルワーカー、ヘルパー、サービス事業所などが必要に応じて関与します。

関わる人が多ければ多いほど、トラブルやもめ事が起きることもあり、特に直接顔を合わせる機会がほとんどなく、お互い顔が見えない関係のなかでは、なかなか相手のことを尊重することができず、「どうして自分の言っていることを理解してもらえないのだろう」「これは、相手が解決すべき問題だ」と、無意識のうちに問題の押し付け合いになってしまうこともあります。

その点、「山の下ねっと」の参加者は、普段からいろいろな職種の人たちと密な関わりを持つことができるので、お互いを一人の人格として尊重することができます。「あの人はこう言っているけれど、その背景にはこんな思いがあるはずだ。だからもう少し詳しく話を聞いてみよう」など、お互いの話に耳を傾ける余裕が生まれるようになります。そのため、建設的な話し合いが実現し、お互いに問題を押し付け合うのではなく、自分にできることを皆が持ち寄り、解決策を講じることができるようになります。これも「山の下ねっと」が生み出した効果の一つといえます。

これには、「山の下ねっと」がブロックチェーン型という、独自の体制を敷いていることも関係しています。従来のように、特定の組織が明らかに大きな力を持っていたり、発言力が強かったりすれば、そこには自然とヒエラルキーが形成されてしまいます。そうなれば問題が起きたときには自然と上流から下流へと流されてしまい、最終的に現場でサービスを請け負う事業者がすべての問題を解決しなければならないということになりかねません。

しかし、「山の下ねっと」は全員が同じ立場にあり、権力が分散している自律型組織です。特定の団体や人物が力を持つようなヒエラルキーは存在しません。

そのため、何か問題が起きたときには、上流から下流へ流されてしまうことはありませんし、どこかの団体や人物だけが責任を負うことにもなりません。

「山の下ねっと」に参加している人物や組織はお互い、「どんな仕事をする人なのか?」が分かります。だから問題を解決する場面においては、まず、「自分にはここまでできる」ということを皆が持ち寄り、もしすべての問題が解決策で埋まらず、〝隙間〟ができてしまったら、「この隙間を埋めるために、あの人に頼ってみよう」と、解決の手段を見つけることができます。

ある参加メンバーは、「『山の下ねっと』ができたことで、問題の投げ合いや押し付け合いをするのではなく、問題を関係者全員の『あいだ』に置き、『うちはここまでできる』という範囲を少しずつ広げ、全員ができることを徐々に重ね合わせていくことで、問題の解決を図れるようになった」と話しています。

こうした自主性こそ、まさに「山の下ねっと」の特徴であり、そうした自立と自律の精神が、「山の下ねっと」の真髄であるように思います。

「山の下ねっと」を図で示すとしたら、決して上流から下流へ流れるような、線状の組織ではありません。分かりやすくいえば、球体を思い浮かべるとよいと思います。

訪問看護ステーションで看護師を務め、「山の下ねっと」の創業期からメンバーとして関わっているBさんは、「山の下ねっと」は「丸い」といいます。

なぜ「丸い」のかというと、どこか一点だけが突出して飛び出ているわけではなく、皆が肩を組み、まるでラグビーでスクラムを組むかのように、球体を形づくっているからです。その球体の中心にいるのは患者や利用者であり、それを取り囲むように医療や介護のチームがサポートしているというイメージです。

Bさんは、「山の下ねっと」に参加するようになってから、ほかの職種のメンバーからの引き合いが多くなり、新規の案件が増えたといいます。必然的に、一緒にチームを組む医療や介護のメンバーも「山の下ねっと」の参加者が多く、互いに気心が知れた仲間同士、仕事をしやすくなったと話します。

「患者さんやご家族のご希望はさまざまです。最期の瞬間まで自宅で過ごしたいという患者さんや、皆が安心できるよう、できれば手厚いサポートが受けられる施設に入ってほしいというご家族など、それぞれの状況によって異なります。そうした気持ちをかなえるために私たちは皆でチームを組んでいます。決してトップダウンではなく、それぞれの立場でできることを精いっぱいやって、患者さんやご家族の気持ちをかなえようと努力している皆の姿を見ると、ああ、『山の下ねっと』は丸いチームだな、って思うんです」

どこが中心ということもなく、ただ、患者やその家族の要望をかなえることだけに集中する、そうした体制は確かに線でもピラミッドでもなく、球体だと思います。そしてそういうチームで働く経験を繰り返すうち、皆が理想的な「共生」の関係となり、自分ができることを持ち寄りつつ、互いに頼り合うという関係性を構築できるようになります。

どうしても、医療や介護が連携するときには医師の指示で動くことが多いので、医師を頂点としたピラミッド型のチーム構成を組みがちですが、そうではなく、全員が対等であり、自分の技術を持ち寄って患者やその家族を支えるという構図を図に示すとしたら、まさに「丸い」という言葉がぴったりなのだと思います。

もちろん、そうした「丸いチーム」は、一朝一夕で完成するものではありません。全体会で顔を合わせ、グループワークで時に意見をぶつけ合い、そうやって信頼関係を築くことができたからこそ、チームとして完成したことは間違いありません。

効果事例3　これまで見過ごされがちだった社会的弱者を救済できるようになった

「山の下ねっと」に参加するようになり、事業所にSOSがたくさん届くようになったと語る人は少なくなく、Bさんもその一人です。

Bさんは、以前、病院併設の訪問看護ステーションで勤務していましたが、病院の都合により、緩和ケアの病棟勤務へ異動になりました。しかし、20年近く訪問看護を担当してきた経験から、やはり訪問看護への想いを捨てきれず、現在は病院を退職し、看護師仲間4人で訪問看護ステーションを立ち上げています。

もともと「山の下ねっと」に関わるようになったのは、「山の下ねっと」が立ち上がって1年くらい経った頃でした。当時は、日本全国で「地域包括ケア」という言葉がちらほらと聞かれはじめた時代であり、「山の下圏域でも何か、新しいことが始まるんだろうな」という、ワクワクした気持ちで参加したといい、「当時はまだ、地域で何かを共有しようという気持ちがあまりなく、どの事業所も自分たちの業務をうまく回すのに精いっぱいで、『うちはうち』『よそはよそ』という感じが強かったことに、違和感を覚えはじめていたから」と話します。

当時は看護や介護、福祉のコーディネーターとなるケアマネジャーとも連携をする機会がなく、まして開業医とは顔を合わせることもなく、訪問看護について相談を持ちかけるなんてもってのほかだった、と言います。

そもそも訪問看護とは、看護師が利用者の自宅を訪問し、その人の病気や障害に応じた看護を行うのが仕事であり、病気を治すことだけではなく、健康状態が悪化するのを防止したり、回復に向けて手助けをしたりするのも重要な役割です。

しかし当時はケアマネジャーにすら訪問看護の役割を理解してもらえず、「在宅での医療処置を必要としていない患者に、なぜ訪問看護が必要なのか。医療がなければ看護も必要ない」と言われ、悔しい思いをしたこともあったそうです。

しかし、「山の下ねっと」に参加するようになり、グループワークでさまざまな職種の人たちと議論や討論を繰り返すうち、少しずつ訪問看護という職種についての理解を得られるようになってきました。その結果、「山の下ねっと」で知り合ったケアマネジャーや施設の相談員、開業医などから新規の依頼が継続的に舞い込むようになり、これまでは放置されがちだった高齢者をすくい上げることができるようになったと言います。

正式な依頼にはつながらなくても、「こういう高齢者がいるのですが、訪問看護をお願いできますか」といった相談も多くなった、とBさんは話します。

例えば高齢者を入浴させるにも、ヘルパーに依頼するのと訪問看護師に頼むのとでは、内容が異なります。健康上の問題がそれほど多くなく、体を動かすのが若干不自由な程度の高齢者であれば、ヘルパーが入浴をサポートするので十分ですが、例えば、心臓に不安を抱えている人や高血圧の人などは、入浴後、体調を崩す危険があります。その場合にはヘルパーよりも、訪問看護師が入浴を手助けしたほうが安心です。

ケアマネジャーが「誰に入浴の介助を頼むか？」と迷ったとき、訪問看護師にアドバイスを求めれば、適切な選択につながりやすくなります。そうした相談を受けることが多くなったのは、ケアマネジャーとの間に良い関係性が構築できた証しであり、これも「山の下ねっと」の効果といえます。

「ただし、『山の下ねっと』に参加するようになり、顔が見える関係を構築できただけでは、仕事の依頼につながりません。自分はこういう仕事をしていて、こんなシーンで活躍できるということを、周囲にアピールしていかなければ、いざというときに相談を持ちかけてもらえません。『山の下ねっと』はあくまでもきっかけの一つ。『ここに参加するから仕事がもらえる』のではなく、『ここで得られたきっかけを、どう仕事へつなげていくか』という視点が大事だと思います」とBさんは話します。

確かに、「山の下ねっと」の全体会やグループワークで名刺交換をしただけでは、それだけの関係で終わってしまいます。そのためこうした縁を仕事に活かせるよう、普段から積極的に連絡したり、患者の相談を受けたときには「あの患者さん、どうなりましたか?」とこまめに尋ねたりしているといいます。

そうした努力を続けた結果、以前のように、「医療の必要がないなら、看護も必要ない」などと冷たくあしらわれることもなくなりましたし、むしろ、「SOSが次々と飛び込んできて、自分の仕事の価値や意義を改めて確認しています」とBさんは話します。業務や役割が異なる以上、自分の仕事を相手に理解してもらうには、分かりやすく「伝える」という努力が必要です。「山の下ねっと」で築いた縁をその後に活かすためには、自分の業務に対し、相手の理解を促す努力が欠かせないと話していました。

効果事例4　職務に対する理解が得られ、ますます「協働」の意識が高まった

「山の下ねっと」に参加している現役のケアマネジャーも「ほかの職種の人たちから、自分の仕事に対する理解が得られるようになった」と語っています。

Cさんは以前、地域包括支援センターでケアマネジャーとして勤務していました。現在は居宅介護事業所へ異動していますが、「山の下ねっと」が創設されて間もない頃から世話人の一人として活動しています。

Cさんが「山の下ねっと」に参加した頃は、まだケアマネジャーという職種の理解があまり得られておらず、ケアマネジャーってどんな仕事をする人なのか、知らない人のほうが多かったそうです。本来、ケアマネジャーの役割ではないこと、例えば高齢者の通院に付き添ったり、薬局へ薬をもらいに行ったり、入院時に日用品を用意したりといった、こまごまとしたことを頼まれるケースも多く、かといって断ることもできないまま、そうした担当外の業務をして、心身ともに疲弊することも少なくありませんでした。

あるとき、Cさんは「山の下ねっと」の全体会で「ケアマネジャーとはどんな仕事をする職業なのか？」ということについて、10分程度、登壇して講演を行いました。その場には圏域の開業医やさまざまな事業所の担当者などが一堂にそろっていましたから、ケアマネジャーという仕事について広く理解を得るにはうってつけの機会でした。

それにより、ケアマネジャーの仕事や立ち位置を知ってもらえるようになり、以降は仕事がスムーズになったと喜んでいます。

「山の下ねっと」がカバーしている新潟市東区は、エリアの半分が公営住宅であり、生活保護を受けている世帯が新潟市内で最も多い地域です。また、精神科の病院も近隣に2カ所あり、精神疾患を抱え、経済的にも困窮している人は少なくありません。

特に、このエリアで問題になっているのが「８０５０問題」です。

これは80代の親が50代の子どもの生活を支えるために、経済的にも精神的にも強い負担を負わされ、行き詰まっている社会問題を意味する言葉です。

この背景にあるのは子どもの引きこもりであり、本来であれば、50代の子どもが80代の親の生活を支えるべきところ、失業などをきっかけに中高年の引きこもりが発生し、自立した生活を送ることができなくなって、親が受給する年金を頼りに生活をしているのです。

８０５０問題は社会の高齢化が急速に進んだ２０１０年以降、注目されることが多くなった社会問題の一つですが、新潟市東区では、まさに喫緊の課題となっています。

これを解決するには、さまざまな職種が手を携え、協力し合うことが必要です。その中心に位置するのは、福祉社会の〝コーディネーター〟であるケアマネジャーであることは間違いありませんが、ケアマネジャー一人の力ではどうにもならず、医療や福祉の関係機関と地域住民が協力しながら支援していかなければなりません。

こうした問題に対しても、「山の下ねっと」があることで全員共通の理解が得られるようになりました。また、「山の下ねっと」を通して住民への知識普及も進み、問題解決に向けた体制を構築しやすくなっていると、Ｃさんは語っています。

効果事例5　顔の見える関係を構築し、「医療と介護の壁」が感じられなくなった

医療と介護の間に存在する見えない壁は、山の下圏域のみならず、日本のあちこちで問題になっているテーマです。確かに、一人の高齢者をめぐっては、医師が疾患や健康状態を把握し、それに基づいて各所に指示が伝わるのですから、どうしても、「医療が上で、介護が下」という上下関係が生まれがちです。

もしかしたら医療側のスタッフにも、「介護のスタッフに医療のことを話しても、きっと理解してもらえないだろう」という偏った認識があるのかもしれません。そのために情報の共有不足が起きたり、相互の誤解が生じたりしていることも想像できます。

Cさんも、「山の下ねっと」に参加する前はそうした「見えない壁」に悩まされていた一人でした。

「医療が成り立たなければ、人の生活も成立しない。だからなんとなく『医療が上、介護が下』という上下関係を感じていたのだと思います」と話しています。

しかし「山の下ねっと」が立ち上がり、さまざまな職種の人たちが顔を合わせる機会を

定期的に持つようになると、そうした「壁」は少しずつ崩されていきました。医療と介護にある壁は、制度上のものや、職種の違いからくるものではなく、心理的な距離感だったのだということがよく分かります。

Cさんは、医療と介護の壁が少しずつ切り崩されてきたことで、仕事がやりやすくなったと言います。

例えば利用者をめぐって病院と話をする際にも、相手が「自分の顔や職業について、理解してくれている」と思うだけで、苦手意識がなくなりましたし、分からないことは素直に質問できるようになりました。病院側も、「介護のスタッフに医療のことを話しても分からないから」と、自ら情報をシャットダウンしてしまうことなく、相手に伝わるように、分かりやすく話してくれることも増えました。

さらに、ケアマネジャーという職種を理解してもらったことで、「個人情報の壁」も切り崩されてきたと話します。

「利用者さんを担当するときには、まず、個人情報の同意書をご本人やご家族と交わします。そこでは、必要なときには医療機関と情報を共有するということが述べられています。しかし、これまではクリニックの窓口に電話して、『＊＊さんのケアマネジャーですが……』と伝えても、『患者の個人情報については、一切答えることができません。患者さんやご家族に尋ねてくださ い』と、あっさり言われてしまうことがほとんどでした。しかし、独居の人も多く、相談できる家族を持たない人も多いのです。同じ人を支える立場でありながら、どうして情報を共有することができないのだろうという歯がゆさがありました」

しかし「山の下ねっと」が生まれ、全体会や研修会でたくさんの人と顔を合わせるうち、ケアマネジャーという職種や業務内容について、広く知ってもらえるようになりました。それに伴い、仕事の領域が異なる医療従事者のなかでも「ケアマネジャーとはこういう仕事をする人」という認識が深まってきました。

今ではクリニックなどの窓口に電話しても、ケアマネジャーの仕事を逐一説明する必要もなくなりましたし、スムーズに利用者の情報を提供してもらえるようになったと言います。

「ケアマネジャーは比較的、医療職とのつながりも多い職種ですが、それ以外の介護職は医療職と触れ合う機会がほとんどありません。これまでは、地域医療の講習会などに参加しても、医師の話を聞くだけ、というスタイルが大半でした。しかし『山の下ねっと』の全体会では、介護職の人にも話をする機会が提供されますし、グループワークではいろいろな人のリアルな意見を聞くことができます。さらに、『山の下ねっと』で学んだことを、自分の職場に持ち帰ってほかの職員とシェアすることもできます。そうしたことを重ねるなかで、少しずつ、医療と介護の壁がなくなってきたと感じます」と、Cさんは話しています。

医療と介護の関係性は、「どちらかが上で、もう一方が下」ということはありません。互いに手を携え、機能を補完し合う関係性が理想です。

もちろん、介護に携わる人は医療行為をすることはできませんし、その知識や技術も持ち合わせていません。しかし逆もまたしかりで、医療に携わる人は、介護の知識や技術を持っていません。そのため、利用者を支えるにはどちらの力も必要なのです。

また医療連携が進めば、一貫したケアプランを立てることができ、不必要な医療サービスを省略できたり、効率的にリソースを活用したりすることができるようになります。そうなれば、膨らみ続ける医療費の削減にも効果が期待できると考えられます。

効果事例6　看護と介護が連携し、充実したサービスが提供できるようになった

一人の高齢者をめぐって、看護と介護が必要になるケースは少なくありません。特に、自宅で暮らしている高齢者の場合には訪問看護師が定期的に訪れ、医療や生活の面を全般的にサポートする一方で、ヘルパーが日常生活を支えているということは、非常によくあるケースです。

しかし現実的には、「看護と介護の橋渡し」をする人が存在せず、ケアマネジャーが「誰に相談したらよいか分からない」と悩むことは少なくありません。

長年、訪問看護師として働いているBさんのところにも、時折、困り果てたケアマネジャーから電話が入ることがあります。

「さっきもちょうど、ケアマネジャーから連絡があって、急いで独居の高齢者の家まで行ってきたところなのです。ケアマネジャーの電話は、『独居の高齢者の様子を見に来たら具合が悪そうなのだけど、どうしたらいいのか』という質問でした。でも、『具合が悪

そう』とはいえ、ケアマネジャーが熱や血圧を測定することはできませんから、医療の介入が必要なのか、それとも様子見でいいのか、判断することはできません。だから、私がすぐにその高齢者の家へ向かい、医師の診察が必要か、まずは確認することにしたのです」

電話してきたケアマネジャーは、「山の下ねっと」の全体会などでよく顔を合わせていた人でした。たまたま、担当している高齢者の家へ様子を見に行き、具合が悪そうだったので、パッと頭にBさんの顔が浮かび、相談してみようと思ったのだそうです。

Bさんは、「『山の下ねっと』が立ち上がる前なら、こうした事態のとき、訪問看護師へ電話がくるよりも、直接、往診を行う医師のもとへ電話が入ることが多かったのです。しかし、医師が電話をもらっても、その高齢者の状況は分かりませんし、血圧や熱などの情報も不明です。結局、医師が昼休みなどを使って自ら往診するか、または、その医師から訪問看護師へSOSが入ることになるか、どちらかでした」

しかし、ケアマネジャーからダイレクトに訪問看護師へ連絡が入れば、非常にスムーズに物事が進みます。医師の診察が必要な場合には、訪問診療や往診を行っている医師へ取り次ぐこともできますし、その際には血圧や熱などの情報を伝えることもできます。意識は混濁しているのか、それともはっきりしているのか。また、呼吸は不規則なのか、それとも落ち着いているのか。看護師であればそうした情報を総合的に考慮したうえで、必要があれば医師の往診を依頼することもできますし、訪問看護師がさっと応急処置をすることもできますから、万が一のときでも安心です。

「『山の下ねっと』で、褥瘡を勉強する会を開催したことがあります。これは、私たち訪問看護師が中心となって発足した、自主的な勉強会で、介護施設の人たちにも多く参加してもらいました」

褥瘡とは、「寝たきりなどによって、体重で圧迫されている場所の血流が悪くなったり滞ったりするために、皮膚の一部が赤い色味をおびたり、ただれたり、傷ができてしまったりすること」と定義されています。一般的には「床ずれ」と呼ばれています。

褥瘡を放置すると、皮膚の炎症が悪化して、水膨れができたり、細菌感染してうみがたまったりすることがあります。さらに進行すると褥瘡から体液が漏れ出てしまい、体に必要な水分やタンパク質などの栄養素が失われ、全身状態が悪化することもあります。さらに、筋肉や骨にまで達する潰瘍ができ、骨が露出してしまうこともあります。

褥瘡ができやすいのは、自分で体位を変換することができない、寝たきりの人です。例えば悪性腫瘍やアルツハイマー病、関節リウマチ、骨粗鬆症《こつそしょうしょう》などを発症していると、褥瘡になりやすくなり、そのほか栄養状態が悪い人や、排泄物や汗により皮膚のふやけがある人、むくみが強い人も褥瘡のリスクが高いといわれています。

通常、介護施設などではこうした褥瘡を防ぐため、職員が褥瘡の予防法について知識を身につけたり、いち早く褥瘡の前兆に気づくため、利用者の体をこまめにチェックしたりしていますが、多忙な職務のなかでは、なかなか一人ひとりの体を確認するのは困難です。施設によっては褥瘡の対応にそれほど熱心でないところもあり、重度の状態になってから初めて医師の診察を受けるということもあります。

また、褥瘡は皮膚科や形成外科など、さまざまな診療科の医師が治療にあたりますが、なかには褥瘡の治療に対する知識をそれほど持っていない医師もおり、介護施設の職員が、「利用者の褥瘡をなんとかしたいけれど、誰に相談したらよいか分からない」ということも多いのです。

現在、超高齢社会を迎えている日本では、褥瘡患者数が急増しています。しかし、医療や介護の体制は、それに追いついていません。

「こんなにひどくなる前に、訪問看護師や医師に相談してくれたらよかったのに、と思う症例がとても多くなりました。そこで『山の下ねっと』に参加している訪問看護師の有志が集まり、『みんなで褥瘡の勉強会をやろう！』ということになったのです。『山の下ねっと』には、せっかく介護施設のスタッフもたくさんいるのだから、興味がある人にぜひ参加してもらおうと、話がどんどん進みました」

いってみれば、社内ベンチャーのような形で、有志の訪問看護師が主導して褥瘡の勉強会が立ち上がりました。これは「山の下ねっと」が旗振りをして開催した集まりではなく、訪問看護師のBさんを中心に自主的に仲間が集まって開かれたものです。

「褥瘡の治療法は、外用薬剤（ぬり薬）を使用したり、ドレッシング剤（傷を覆う医療用材料）を使って患部を覆って外部からの刺激や感染を防いだり、さまざまな方法があります。薬剤も年々進化しており、考え方も進化しています。その一方、介護の現場ではいまだ新しい知識のアップデートが行われておらず、ステレオタイプの治療を行っていることも少なくありません。そもそも褥瘡の予防法について、まったく知らない人も多いのです。そのため、現場で働く介護スタッフに、褥瘡に関する正しい知識を身につけてもらうとともに、困ったことがあれば早めに訪問看護師へつなげてほしいという思いから、こういう勉強会を開催しました」

Bさんはこのように話していました。介護の現場から褥瘡の患者が送られてくるのを待つだけではなく、受け入れ先として自ら介護の現場に出かけていく、そうした積極性が看護と介護の橋渡しには重要です。今後はもっと草の根的にこうした活動が「山の下ねっと」から生まれていくことを期待しています。

効果事例7　たくさんの職種の人と触れ合い、固定化しがちだった視野が拡大した

地域包括支援センターに勤めるDさんは、普段、介護や医療、健康に関するさまざまな事柄に対し、住民や地域の民生委員から相談を受けています。「山の下ねっと」に関わる

ようになったのは、2015年のことでした。

それまでDさんは市外の、もっと人口の少ない地域に住んでおり、文字どおり、顔の見える関係のなかで、地域包括支援センターの職員として働いてきました。

転居後、多少のブランクを経て新潟市東区の地域包括支援センターに転職することになりました。あわせて、職場の人から誘われ、「山の下ねっと」に参加しはじめました。「初めの頃は、きっと熱い人たちの集まりなんだろうな」と思い、「一歩、引き気味だった」と振り返ります。

初めてグループワークに参加したときのことについて、次のように語ります。

「最初のときは、とても緊張していました。周りは知らない人ばかりですし、自分がここにいていいのだろうかという不安が強かったのです。しかしグループワークが始まってみると、初対面の人も多かったはずなのに、そうは思えないほど活気があり、いろいろな意見がポンポンと飛び出しました。会場全体にもエネルギーがあふれ、みんな、山の下圏域のことを心から思いやり、幸せな地域にしようと一生懸命なことが分かりました」

グループワークでは多角的な意見が飛び交い、久しぶりに刺激的な感覚を味わったと話します。Dさんは地域包括支援センターの職員を何十年とこなしてきたベテランですが、グループワークでは、「こんな考え方もあるのだな」と改めて感心するような発言も多く、「そこで話し合うテーマや、耳にした意見などももちろん大事だけど、その場に『参加する』ということに、非常に価値があると思いました」と話します。

認知症の対応や、老老介護の問題、８０５０問題など、現在日本では、高齢化に伴うさまざまな問題が出現しています。どの問題にも共通していえることですが、それらを単一の職種が解決するのは難しく、医療や介護が密に連携をしなければ、より良い未来を描くことはできません。そのために必要なのは、多面的なものの考え方であり、視野を広げ、「この人はこういう考えを持つのだな」と、たとえ自分とは意見が違っても、その違いを受け入れる度量の広さが重要です。

「私はもともと『白か、黒か』という性格で、どっちつかずのことが苦手なタイプ。問題にぶつかったときには猪突猛進で、直進する性格です。なぜ、こうした性格になったのか考えてみたら、医療の世界は『病気か、健康か』の二者択一で、明確に境界線を引くのが常だからかもしれません。しかし人間の生活は白か黒か、はっきり決められるものではなく、グレーのように曖昧な側面もあります。これまではなんとなく、『白か、黒か』という視点でものを考えてきましたが、『山の下ねっと』でいろいろな人の意見を聞くようになり、『白寄りのグレー』『黒っぽいグレー』など、ものの考え方にバリエーションが増えたように思います」

「グレー」という考えを持つことができるようになり、生き方が少し楽になった気がする、とDさんは語ります。

異なる意見を持つ人たちが一堂に集まり、それぞれの想いをぶつけ合うなかでは、ともすると衝突や争いが生まれてしまうかもしれません。しかし「山の下ねっと」では、どれだけ議論が白熱しようとも、そうしたいざこざが生じたことは、今まで一度もありません。

それは、ここに集う人たちが互いに敬意を示し、お互いを受け入れる努力をしているからだと思います。だからこそ、人は「山の下ねっと」を通して医療や介護の職員として、さらには、一人の人間としても、ひとまわり、大きな器になれるのではないかと思います。

効果事例8　末期がんの高齢女性に、幸せな最期を迎えさせることができた

地域包括支援センターで働くDさんは、包括の職員としてオフィシャルに「山の下ねっと」に参加するだけでなく、「患者の一家族」としても、「山の下ねっと」と深い関わりを持っています。

始まりは、Dさんの母親がある日突然、末期がんであることを宣告されたことでした。元気なときから、母親は「いざというときには延命措置を絶対に希望せず、苦痛を伴う検査や入院加療も断る」ということを明言していました。

そのためDさんは、まずかかりつけ医のところへ出向き、今後の治療について相談をしました。するとかかりつけ医は、「自分は往診をしていないし、がんの治療は専門外だ。まして、検査もしていない患者を、ほかの医師に紹介することもできない」と、むげに相

談を断ったのです。

母親ががんと告知されたのはわずか数日前ということもあり、まだ受け止めもできておらず、そんななかで日頃から世話になっていたかかりつけ医から残酷な宣告をされ、Dさんはまさに奈落の底に突き落とされたような気持ちで診察室をあとにしました。

そんなとき、思い浮かんだのが「山の下ねっと」でたびたび顔を合わせ、普段から訪問診療を行っている私の顔だったと言います。

Dさんは帰宅してすぐ、「山の下ねっと」で知り合った訪問看護師にまずは相談し、それから私のところへ電話をかけてきました。さらに、同じく「山の下ねっと」で顔見知りだったケアマネジャーにも連絡をし、ただちに母親を看護する医療チームが結成されました。

Dさんの母親は、一人暮らしでした。私はすぐ、母親の家へ出向き、Dさんと落ち合いました。母親の希望は「自宅で最期を迎えたい」ということでした。当時はコロナ禍のまっただなかであり、一度病院へ入院してしまえば、ほとんど面会できないことは明らかでした。

とはいえ、賃貸アパート住まいでは、そこで看取ることもできません。またDさんやほかのきょうだいも日中は仕事をしていますから、つきっきりで看病や介護をすることもできません。

そこで私はこの地域にあり、医療に特化した介護施設へ入所することを提案しました。そこなら24時間、いつでも誰でも面会に訪れることができます。Dさんはすぐにそこへ母親を入所させることを決意しました。自宅で最期を迎えることにこだわった母親も、最終的には折れてくれました。

Dさんの母親がその施設へ入所したのはかかりつけ医から「うちでは診られない。ほかの医師も紹介できない」と言われてから、わずか4、5日後のことでした。

入所に先立ち、Dさんが見学や手続きに行く前には、スムーズにことが運ぶよう、私もその施設へ一報を入れておきました。また早々にケアマネジャーがチームに加わり、施設と連携してくれたことも、その後の展開が非常に早かったことに貢献していると思います。

Dさんは安心して母親を施設へ入所させることができました。

高齢者が普段世話になっているかかりつけ医のなかには、残念ながら、在宅での医療連携の方法について、理解が浅い人も少なくありません。そのため、このようなケースに立ち会った場合、どう動いたらよいのか分からず、対応に困惑してしまうことも多いのが現状です。

Dさんの母親の場合、がんを発見したのはかかりつけ医ではありませんでした。「食欲がない」という理由で消化器科を受診したのが、発見のきっかけだったのです。そこで精密検査が必要と言われ、総合病院を紹介されて、がんと診断されました。

しかしかかりつけ医は消化器の専門ではないので、消化器系のがんにはあまり詳しくありません。でも母親は普段から認知症気味のところもあり、かかりつけ医の世話になっていましたから、がんの治療と認知症の治療では、2つの病院をまたがらなければならなくなってしまいます。

本来であれば、総合的にコーディネートする役割を担うのがかかりつけ医ということになりますが、専門に特化した日本の医療制度では、それがかなわない現状もあるということとに、改めてDさんや私たちも気づかされました。

Dさんの母親は、施設に入所してまもなく、亡くなりました。たまたま12月で、学校が冬休みだったこともあり、孫やひ孫も施設の部屋に集まってきて、みんなでDさんの母親が息を引きとる様子を看取りました。

私もその場に居合わせましたが、誰も涙をこぼさず、子どもも含めて皆で静かに亡くなるのを見送った様子は、今でも印象深いシーンとして心に刻まれています。

母親の希望どおり、自宅で看取ることはできなかったけれど、できるだけ希望をかなえるためにやるべきことはやり切ったという充足感や、少しの後悔もないという満足感、それでも今、目の前で消えようとしている命に触れる悲しみや寂しさ、いろいろな思いが室内に渦巻いていました。

厚生労働省が2022年に実施した「人生の最終段階における医療・ケアに関する意識調査」では、「あなたが病気で治る見込みがなく、およそ1年以内に徐々にあるいは急に死に至ると考えたとき、最期をどこで迎えたいですか」という問いに対し、一般国民の回答者のうち、43・8%が「自宅」と回答しています。

しかし、2020年の死亡者のうち、自宅で最期を迎えた「在宅死」は15・7%にすぎません。実に、6人に1人の割合でしか、自宅で看取られていないのです。

こうした背景には、「看取りをしてくれる医師を見つけられない」「訪問してくれるかかりつけの医師がいない」「家族や介護者の世話になることは心苦しい」などいろいろな理由があると思いますが、本来であればそうした悩みや遠慮を抱えることなく、誰もが希望する場所で最期の瞬間を迎えられるというのが、理想であると思います。

Dさんの母親の一件は、現在日本が抱える「どこで生き、どこで死ぬか」という問題について、深く考えさせる事例となりました。

それと同時に、「うちでは診ることができない、紹介もできない」とかかりつけ医に宣告され、どん底に突き落とされてしまった患者やその家族が現在の日本には少なからず存在し、そうした人たちをすくい上げるセーフティネットをもっと整備しなければならないと、気持ちを新たにした出来事でした。

［第5章］

少子高齢化が深刻になる
2040年を乗り切るために
「ブロックチェーン型」
地域包括ケアシステムは進化する

参加者が積極的に意見を出せる風土づくり

現状、「山の下ねっと」は、世話人や運営委員も、そうでない会員も対等な立ち位置で、誰もが平等に意見を出せることを公言していますし、出てきた意見についてみんなで考えていこうという姿勢を表明しています。

しかし、平等に意見を出せる場所であるからといって、みんなが等しく意見を出してくれるかというと必ずしもそうではありません。地域包括ケアに対する思いは全員に共通するものですが、そもそも性格的に自分から発信するのが苦手な人もいれば、アイデアを出すのが苦手という人もいます。

普段あまり発言しない人の考えのなかに、会の発展につながる重要なヒントが隠れている場合もあるので、一人ひとりの考えや意見を知ることができる機会を積極的に設けていくことは必要だと考えています。

どうすればもっと多くの人の考えや意見を知ることができるのか、その方法については、現在、模索中です。

考えられる方法としてはいくつかあり、例えば「事例検討会」など、少人数のグループをいくつか新たに設け、世話人、運営委員以外の会員にメインで運営してもらうことなども検討しています。

しかし、誰もが「本業」を持っており、しかも、医療や介護に従事する人は一般的にハードワーカーであることが多い、という現状もあります。そのため、団体の活動のために多くの時間を割けるとは限らないため、「どうしたら『山の下ねっと』の活動が、個々の仕事にも還元されるのか？」など、本業の効率性や、「山の下ねっと」と本業のリンクを検討することは不可欠であると考えています。

医療分野において広まりつつあるBCPの考え方

「山の下ねっと」の世話人として、これまでのあり方を見直して次のフェーズへと移行するタイミングだと考えるようになった背景には、「第8次医療計画」があります。

第8次医療計画における大きなポイントは、人口構造の変化への対応ですが、その実現のために、病床の必要量の推計や考え方などに関してはこれまでの基本的な枠組みを維持しつつも、毎年度、対応方針の策定率を目標としたPDCAサイクルを通じて、地域医療構想を推進することが目標として掲げられています。

また、2019年より続いた新型コロナウイルス感染症の感染拡大によって浮き彫りになった、地域医療のさまざまな課題への対応にも重点がおかれていることや、阪神・淡路大震災、東日本大震災、熊本地震、北海道胆振東部地震などを通して見えてきた課題をもとに、BCPの強化も進められています。

「BCP」とは、「Business Continuity Plan」の頭文字を並べた言葉で、日本語にすると「事業継続計画」となります。

企業が自然災害や大火災、テロ攻撃などに遭遇した場合、事業資産の損害を最小限にとどめながら、中核となる事業の継続または早期復旧を可能にするために、緊急時における事業継続のための手段を平常時から決めておくことを指します。

医療分野におけるＢＣＰ策定についても国として注力してきましたが、コロナ禍を経てますますその重要性が意識されるようになっています。

医療分野におけるＢＣＰは、民間企業のＢＣＰとは異なる部分も多いことから、ＢＣＰとは区別して「ＭＣＰ（Medical Continuity Plan／医療継続計画）」と呼ばれることもあります。

ＭＣＰにおいて特に重要なのは、日頃から非常時、災害時にどうすればいいかを考えておくことです。

各医療機関で決めておくことも大切ですが、地域包括ケアを行っていくうえでは、「在宅医療ネットワーク全体でどう動いていくか？」を考えることも大切です。

本当に大きな災害が起これば、大規模病院でさえまったく機能しなくなる可能性があり得ます。そうなったときには、在宅医療を必要とする人だけでなく、地域全体の医療需要を、在宅医療ネットワークで担っていく可能性も考えられます。

万が一のときに、日頃からしっかりと連携をとり合えている在宅医療ネットワークがあるとないとでは、医療需要にどれだけ応えられるかについて、とてつもなく大きな差が出てくるに違いありません。

すでに稼働している在宅医療ネットワークなら、みんなでこの問題について考えるとよいですし、これから在宅医療ネットワークの立ち上げを考えているなら、最初からＭＣＰを視野に入れて立ち上げ準備を進めていくことが理想的です。

「山の下ねっと」でも積極的に災害時の対応については検討しており、一人ひとりが、「災害が起きたときに自分たちは何をすべきか？　何ができるのか？」を考えることを常に課題の一つとしています。第８次医療計画期間に突入した２０２４年の今こそ、団体全体でもＢＣＰ、ＭＣＰについて改めて考えていくタイミングだと思っています。

自分がいなくても機能する組織

「山の下ねっと」の設立から現在まで、世話人としてさまざまな研修会や講演会を企画してきた私のことを「山の下ねっとの代表者」と認識している人はたくさんいます。

実際、一団体として「新潟市在宅医療・介護連携センター」に登録して活動などするうえでは、代表者の登録が必要ですし、私が代表者ということになっています。

しかし、「代表者として、これからも率先して『山の下ねっと』を引っ張っていきたい」というわけではありません。むしろ反対に、私が不在でも組織として機能していかなければならないと考えています。

「ブロックチェーン型在宅医療ネットワーク」においていちばん大切なことは、「組織として自律していること」です。

参加者が、「指示する人」「指示される人」や「雇う人」「雇われる人」に分かれてしまってはいけません。「指示する人」がいなければ参加者が行動できない組織であっては、「指示する人」が転居や離職などで会を去ってしまった途端、機能しなくなってしまいます。または、いなくなった人の代わりに誰かを補填《ほてん》する必要性が出てきます。

誰かが組織を抜けるたびに、その人の代わりとなる人を探すことに時間をとられていては、持続可能な組織とはなり得ません。

また、職種によっては異動で他部署へ配属が決まったり、転勤することになったりすることも頻繁にありますし、その場合には多くの人が、「山の下ねっと」に参加してくれる後任者を選定し、きちんと引き継ぎをしてくれています。

ただし、後任者が前任者と同じ思いで「山の下ねっと」に参加してくれるかというと、疑問も残ります。「山の下ねっと」への参加はあくまでも自主性に任されており、義務ではありませんから、本人に「地域包括ケアは大事だ」「自分にできることを頑張ろう」という考えがなければ、自然と足が遠のいてしまうのはやむを得ないことです。

また開業医の場合には、転勤や異動はないものの、年々高齢化が進んでいるという問題があります。

「山の下ねっと」に参加している開業医に焦点を当ててみると、平均年齢が60歳以上です。これは「山の下ねっと」に限ったことではなく、日本の医師全般にいえることであり、社会全体が高齢化をしているのに伴い、日本の医師の平均年齢は近年、上昇傾向にあります。厚生労働省の調査によれば、診療所で働く医師の年齢は、２０１０年頃までは58歳前後でしたが、２０１８年に60歳へ到達し、２０２０年には60・2歳となっています。

地域包括ケアや在宅医療の柱となるのはかかりつけ医であり、その役割を担うのは、多くが開業医です。

会を持続していくためにも「若い開業医に、地域包括ケアに興味を持ってもらうこと」や、「会の集まりに出席してもらうこと」はとても重要ですし、もちろん開業医のみならず、会に参加しているあらゆる職種においても、常に「組織の若返り」を図っていくことは必要です。

人間の体と同じく、組織においても新陳代謝は必要です。そして新陳代謝を起こすうえでは、「特定の誰かが音頭をとる」のではなく、自らが自律して新陳代謝のタイミングを見計らい、確実に世代交代を行っていくことが大切です。

そうした自律の信念こそ、超高齢化・少子化が進む現代社会において最も必要なものであり、それができるかどうかで、「持続可能な地域包括ケアかどうか」が決定づけられるのではと考えています。

行政・クリニック・病院の3者を集めることが肝心

現在、日本では地域包括ケアの整備が急務とされていますが、その実行は各自治体に委ねられていることから、「先進的な取り組みを進めている地域」と「そうでない地域」の差が明確になっています。

なかには「在宅医療ネットワークをゼロから立ち上げなければならない」という地域もあると思います。その場合、何から始めればよいかというと、私は、「根回し」だと考えています。

「根回し」というと、ビジネスシーンにおいて重要な交渉や稟議《りんぎ》を通すために、事前に関係者の了承を得ることをイメージする人が多いと思いますが、これまで密接に結びついていなかった者同士で「これから協力してやっていこう」というときにも、やはり根回しが重要となってきます。

それでは、誰に対して根回しすればいいかというと、まずは行政です。

行政を絡めることなく、地域の介護・医療関係者のみでネットワークの立ち上げを進めようとすると、地域住民のニーズを十分に理解できていないことから、目線がずれたまま物事を進めてしまう可能性が高くなります。

もちろん行政であればどの部署でもいいというわけではなく、介護や医療に関わっている担当部署への根回しが鉄則です。

地域の介護や医療の課題は、行政としても日々取り組んでいることなので、現状でどういう問題があって、どんな施策がとられているのかを詳しく聞くことはとても大切です。

加えて、「かかりつけ医」の役割が期待される開業医に働きかけることも必要ですし、在宅ケアのために地域のクリニックや診療所と連携したい考えはあるものの、課題があって実現できていない病院への根回しも必要です。

つまり、まずは「行政」「クリニック」「病院」の3者に声をかけて、連携することが肝となってくるのです。


行政に関しては、地域のなかで介護や医療を担当している部署は特定されますが、クリニックや病院はいくつかあるため、まずは、目星をつけたクリニックの開業医、病院関係者に、在宅医療についてどのように考えているのかを確認して、同じ方向を向いて在宅医療を提供していけるかを見極めることが大切です。

同じ志を持った有志が集まれば、次は、3者それぞれがどうすれば一緒に在宅医療を提供していく人を集められるのか、どういう人がいれば在宅医療ネットワークが強靭《きょうじん》なものとなるのかを考えることが必要です。

3者それぞれ「強み」や「不足しているスキル」があるため、「自分たちの在宅医療ネットワークにどういう人が加わればうまくいくか」の答えは、ネットワークごとに異なります。また、そもそも地域によって集めることができる人の数も違いますし、頼りになりそうな大きな団体がいる地域であれば、それに合わせてネットワークの構成を考えていくことも有効だといえます。

参加してほしい職種や団体が見えてきたら、次は目当ての職種や団体に声をかけることになりますが、その際にもコツが必要です。自分たちがやりたいことを伝えて、「こういう課題があると思っているから、課題解決に協力してほしい」と言うだけでついてきてくれる人はなかなかいません。

では、どうすれば参加してくれる可能性が高くなるかというと、「相手のニーズに沿ったものを提供すること」です。

課題と考えているのは提案する側であって、誘われる職種や団体は課題を理解しないと参加には至らないと思います。参加依頼をする際には、具体的に「こんなことで困っていませんか？　その困っていることを、解決まで至らなくても少しでも解消するようにできればよいと思うので、ぜひ参加してみてほしい」、というように相手に寄り添った誘い方をするのがよいかと思います。

在宅医療ネットワークへの参加者を募るときも同様です。「もし自分が会に誘われたら、どう思う?」を想像するとうまくいきやすいと思います。

「どんな言葉で誘われたら興味を持つだろう?」

「どんなメリットがあれば参加したいと思うだろう?」

「どんな職種とのツテができるなら参加したいだろう?」

このように「自分だったら?」と考えるだけでいいのです。

課題解決の方法をみんなで考える習慣をつけておけば、在宅医療ネットワークが稼働し始めたあとにも、きっといいアイデアが浮かびやすくなります。

ブロックチェーン型地域包括ケアシステムの理想を形にするため、開業医に求められること

地域包括ケアにおいてはさまざまな役職の人が関わりますが、なかでも「柱」となるべき存在は地域住民の健康を守る開業医です。

そこで最後に、ブロックチェーン型地域包括ケアシステムの理想を実現するために、開業医が実践すべきことをまとめます。

在宅医療ネットワークにおいては、すべての職種は平等な立場ですし、お互いが等しく意見を出し合うべきです。しかし、特定の課題に関しては、その分野の専門家でなければ解決策を見いだすことができませんし、もしくは、全員で共有すべき情報であっても、医療従事者がとりまとめたほうがいいことや介護従事者でとりまとめたほうがいいことなども存在します。

では、地域包括のシステムにおいて開業医はどんなことを率先して行うべきか、また、どんなことに留意して物事を進めていけばいいのかというと、次のとおりです。

①まずは医療機関同士で目線合わせ

まずは近隣の開業医同士で顔合わせを行い、現状の課題を確認します。

同じ立場であっても、課題だと感じていることが同じであるとは限りません。双方が課題だと感じていることもあれば、一方のみが課題だと感じていることもあるので、お互いに補完し合うことによって、患者に対してより良い医療を提供できることが分かります。

②医療情報の集約

近隣の医療資源を把握して、「どんなことをどこまでできるのか」を確認します。

ただし、資源を確認するのみでは、実際にどこまで実現できるかが分かりにくい部分もあるので、医師会などを通じて情報を集約し、情報を精査することも必要です。

③医療機関の連携先地域の選定

医療者同士連携することは重要であるとはいえ、あまりに離れている地域と連携を取り合うことは現実的ではありません。

お互いの顔が見えないことから、相手の考えを十分に確認することもできないため、サポートしにくいのが現実です。

反対に、距離が近すぎれば連携先の数が限られ、負担感ばかりが増してしまいます。また距離は近いものの、地理的にアクセスが難しくなれば連携を取りづらくなります。そのため、各地域の特性を考慮し、範囲を決定することが必要です。

④連携内容の検討と連携医療機関との話し合い

かかりつけ患者の治療やケアを連携先医療機関にお願いするのはどのような場合であるのかについては、各地域で検討することが必要です。

主治医・副主治医をとるのも一手ですし、スポットで看取りのみ連携するという方法もあります。

また、居宅在宅患者のみを対象とするか、施設を含めるのかの検討も必要です。さらに、後方支援病院との連携も重要なので、地域の病院にも、初期の段階で協議に参加してもらうことが不可欠です。

⑤情報共有ツールの統一化

情報共有方法が各自バラバラだと連携しにくくなるため、共通のツールでの情報共有が理想です。

例えば、AクリニックとBクリニックはメール、BクリニックとCクリニックはLINEというふうに情報共有手段が異なると、AクリニックからCクリニックへはスムーズに連絡しにくいですし、全参加者にシェアしたい内容がある場合、使っているツール別に何通も同じ内容で送信しなければならなくなります。

また、導入する情報共有ツールを選ぶ際は、使い勝手やセキュリティー面を考慮することが必要です。

⑥訪問診療・在宅医療に関する啓発

訪問診療は、かかりつけ医機能の一つに数えられます。

訪問診療においては、患者やその家族の生活背景を熟知した医師が、そのまま看取りまで支えていくことが求められています。

また、将来の医療およびケアについて、患者本人やその家族、医療・ケアチームが繰り返し話し合いを行い、本人による意思決定を支援する「ACP(Advance Care

Planning)」が今後もっと普及すれば、患者からかかりつけ医へ対する要望が強くなることも予想されます。

そのため、今はまだ訪問診療を行っていないクリニックが、新たに参画しやすくなるようなサポート体制を整えていくことも肝心です。

すでに訪問診療を行っているクリニックからは、アドバイスできることもたくさんあるはずです。

開業医ができることとやすべきことだけでこれだけの項目がありますが、「介護関係者ができること」「行政ができること」「病院側ができること」についても同様に複数のTO DOにまとめることができるので、参加者同士で話し合って考えていくことが理想です。

さらに、それぞれの職種同士で話し合った結果を、地域包括ケアシステム内で共有することも大切です。

それぞれの職種から出た意見は、そのほかのすべての職種にとって参考になるものであり、また、一つひとつの意見は、より良い医療や介護を提供するために、重要なヒントとなります。

地域包括ケアを進めるうえでは、医療、介護、福祉がすべて平等であり、対等の立場であるべきです。誰か一人がその責務を負うのではなく、また、特定の人物や団体の意見が尊重されることもなく、たとえ構成メンバーが時代とともに入れ替わろうとも、組織自体が自律して稼働し、未来へと持続していく体制が理想だと考えます。

私が最終的に目指すものは、各事業所がお互いを信頼し合えて協力・協働できるようなブロックチェーン型の関係性のある地域をつくり上げ、その関係性を持続するための潤滑剤のような存在としてネットワークが存在し続けることです。互いが互いの現状を知り、課題に目を向け、解決策をともに考えられるような場を提供することで、地域全体が同じ方向を向き、ともに切磋琢磨できる地域をつくることができると考えます。

今後の展望として、ブロックチェーン型の地域包括ケアシステムを日本全国に広めることで、医療・介護の支援を必要とする方が一人でも多く適切なケアを受けられるようになり、すべての人が幸せに暮らせる社会が実現することを願っています。

おわりに

現在では多くの自治体が地域包括ケアに取り組んでいますが、そもそもこの概念が生まれたのは、1970年代半ばのことでした。広島県尾道市（当時は御調町）の公立病院が「寝たきりゼロ」を目標に掲げ、医療と行政が連携し、さまざまな施策を打ち出しました。

これが「地域包括ケアシステム」の起源とされ、1990年度より実施されている高齢者保健福祉推進10カ年戦略（ゴールドプラン）では、「寝たきりは予防できる」という意識を国民に浸透させることが念頭におかれています。

さらに2000年には「介護保険制度」が開始され、家族内だけでは難しくなってきた介護を地域全体で支えるとともに、介護が必要な人が自立した生活が送れるよう、社会全体で支援していこうという「共助」の傾向が強まりました。

また、2014年には、地域包括ケアシステムの考え方を具体化した施策として、「医療介護総合確保推進法」が施行されました。これは、効率的かつ質の高い医療提供体制と、地域包括ケアシステムを構築することにより、地域における医療や介護の総合的な確保を推進するための法律として理解されています。

地域包括ケアシステムが構築されれば、介護サービス事業者と在宅医療を提供する医療機関が密に連携することで、自宅にいながら必要なサポートを受けることができるようになり、家族など介護者の負担も軽減します。

これまでは「介護のために長年勤めた会社を辞めざるを得なかった」というケースも少なくありませんでしたが、介護のプロの手を借りたり、地域住民のサポートを受けたりすることで、介護者が自分の生活を犠牲にする必要がなくなるのです。そうなれば当然、日本全体の生産性は高まりますし、国力の向上も期待できます。

このように、地域包括ケアシステムを構築するさまざまなメリットがありますが、「うまく機能しない」「形骸化している」と悩んでいる自治体や組織はたくさんあると思います。

そうした悩みを解決できるよう、「本当に地域のために役立つ地域包括ケアシステムを運営するために大切なこと」をまとめ、本書を執筆しました。

「山の下ねっと」が創設されたのは２０１3年です。

当時の日本は「アベノミクス」が始動して景気回復ムードが高まり、２０２０年夏季五輪・パラリンピックの東京開催が決定するなど、日本全体が勢いづいている時代でした。

その一方、高齢者人口はじわじわと増加し、総人口に占める65歳以上人口の割合（高齢化率）は過去最高となる25・1％（前年24・1％）に達しました。

同時に、15～64歳の生産年齢人口は７９０1万人となり、32年ぶりに８０００万人を下回りました。世界に先駆けて日本で高齢化が進んでいることは誰もが知っていましたが、数字という、目に見える形ではっきりと「超高齢社会」という日本の姿が示されたことにより、少なくとも医療や介護に携わる人たちは、誰もが「このままだと日本は崩壊する」という危機感を覚えたに違いありません。

「山の下ねっと」が立ち上がったのは、まさに、そのような「時代の節目」でした。

創設から10年以上が経過し、「山の下ねっと」は現在も多くの参加者を迎えています。

新型コロナウイルスの感染拡大により、一時期、全体会がオンラインで開催されたこともありましたし、その後も思うように集まりが開催できないこともありました。

しかし、多くの不便や不都合を乗り越えてもなお、依然としてたくさんの仲間が変わらずに参加しているという現状を考えると、猛威を振るったあのウイルスも、「山の下ねっと」にとっては一つの試金石であり、「どんなに苦しい時代であっても、本当に地域包括ケアに携わる情熱を持っているか」ということを、一人ひとりの参加者に問う存在であったのだと思います。

2023年12月、公益財団法人昭和大学医学・医療振興財団から昭和上條医療賞を授与されました。これは「山の下ねっと」をはじめ、「どんなときも安心して生活できる、より良い地域をつくる」ということをテーマに続けてきた各活動が評価された結果であると考えています。

もちろん、私一人の力で受賞できたはずもなく、業種を問わず、思いをともにするたくさんの仲間の存在があったからこそ、このような高い評価が得られたと信じています。発足からずっと支えていただいた、ときわ診療所の畠山先生、事務局として活躍していただいた臨港病院の清治さん、監事をしていただいている岡田歯科医院の岡田先生をはじめ歴代の世話人の方々や、山の下ねっとに参加を続けていただいた皆様、事業所様には感謝の念が堪えません。

「参加者は皆平等」「特定の組織や団体からの寄付は受けず、会費制で運営する」「顔の見える関係性から信頼できる関係性につなげる」という、「山の下ねっと」特有のスタイルが、日本に存在するすべての地域包括システムでうまく機能するとは限りません。しかし、「こんな方法もある」という一つの成功事例をたくさんの人に知ってもらい、システムを機能させるためのヒントとして活用してもらえたらと思います。

どんなときも安心して生活できる、より良い地域をつくりたいという思いは、地域包括ケアに関わるすべての人に共通のはずです。地域の境界線を越えても、微力ながらその手伝いができれば幸甚です。最後になりますが、このたび出版の機会とご支援を頂きました幻冬舎メディアコンサルティングの皆様により、山の下ねっとに関しこのような形を残せたことに感謝申し上げます。

阿部行宏（あべ　みちひろ）

1974年生まれ。1999年に昭和大学医学部を卒業後、消化器内科医として病院勤務。2010年に阿部胃腸科内科医院を継承。2021年4月1日より医院を移転し山の下クリニックと改名。在宅患者により良い医療が提供されるためには、生活を支えるための介護・福祉職との連携が不可欠と感じ、2013年に介護・福祉職と顔の見える関係のネットワーク「山の下地域包括ケアネット　通称：山の下ねっと」を構築し代表を務める。また、2015年より摂食嚥下障害・栄養に関する取り組みにおいても多職種で対応できるよう新潟東区摂食嚥下サポートメンバー「新潟エッセン」の会長に就き、介護・福祉職とともに新潟の在宅医療の推進を実践している。

本書についての
ご意見・ご感想はコチラ

超高齢社会を支える
「ブロックチェーン型」地域包括ケア

二〇二四年六月二八日　第一刷発行

著　者　阿部行宏
発行人　久保田貴幸
発行元　株式会社　幻冬舎メディアコンサルティング
〒一五一-〇〇五一　東京都渋谷区千駄ヶ谷四-九-七
電話　〇三-五四一一-六四四〇（編集）
発売元　株式会社　幻冬舎
〒一五一-〇〇五一　東京都渋谷区千駄ヶ谷四-九-七
電話　〇三-五四一一-六二二二（営業）
印刷・製本　中央精版印刷株式会社
装　丁　秋庭祐貴

Printed in Japan　ISBN 978-4-344-94801-3 C2236
幻冬舎メディアコンサルティングHP　https://www.gentosha-mc.com/